VUL NE RA BLE

Pablo Gasull González

VUL NE RA BLE

Sobre el cuidado y la intimidad

A mi mujer, Sofía,
quien siempre ha confiado en mí.

A mi amigo William,
quien me animó a escribir este libro.

Y a todos aquellos que,
en situaciones de vulnerabilidad,
han sabido cuidarme.

Índice

Prólogo
EL CORAJE DE DARSE

En la era del exitismo, los *influencers* y los políticos del auto-bombo infinito, la palabra «vulnerable» tiene mala prensa. Suena a incapacidad y rendición, a herida por la que se desangra el «capital social» –expresión nefanda– de una persona. Nuestra época pronuncia con desdén esa palabra al tiempo que inventa neologismos prescindibles sobre el carácter en una «nueva normalidad» que cada vez a más personas se nos hace desagradable: «resiliencia», «autocuidado» o «inteligencia emocional», verbigracia. Ahíto de «superación personal» y otros desvíos innecesarios, el signo de nuestro tiempo es el de la dureza y la independencia, es decir, el de la autosuficiencia impostada que más pronto que tarde alumbra soledades.

Lo paradójico es que esa independencia nos vacía poco a poco. Pablo Gasull ha escrito un libro necesario sobre este vicio de no necesitar. Se ha autoimpuesto el gozoso deber de recordarnos que la fragilidad no es un defecto, sino la condición más íntima de todo ser humano, la que nos abre al otro y a lo Otro.

La vulnerabilidad, nos dice, no es debilidad, sino la aceptación de la precariedad de la vida. Implica esa aceptación un acto de valentía que la ideología del rendimiento y el bienestar emocional difícilmente puede comprender, porque es algo con lo que no se puede facturar.

Estamos ante un texto que no nace en la abstracción de un aula universitaria, sino en la experiencia concreta de la llegada de Elena, su hija. La mejor filosofía suele brotar de un empujón existencial como ese, a partir de algo que te saca del centro de tus desvelos, colocando al mundo o a otras personas en el lugar en el que antes uno se sentaba en su pequeño trono. Hay una criatura indefensa y un adulto que se descubre igualmente indefenso ante la tarea de custodiar la vida. Desde el estremecimiento de la paternidad, Gasull hila una meditación sobre el cuidado como respuesta racional y moral a lo vulnerable. Cuidar no es solo proteger, sino comprender; es más que un instinto, es un pensamiento que se encarna.

El cuidado del otro nos devuelve a nuestra propia humanidad; es, por vía inversa –aquí, la mejor vía–, una forma de autoconocimiento. Nuestro autor combate en cuanto a esto al neoestoicismo, una moda de frialdad vagamente inspirada en su referente clásico que tiene mucho de mecánica y poco de sabiduría; y el victimismo, que anega las arterias sociales. Pseudofilósofo de gimnasio, el neoestoico busca no sentir para no sufrir; cree que la ataraxia sin compromiso es no solo posible, sino deseable. La verdadera fortaleza –nos recuerda el autor– no consiste en esta algiofobia que evita darse, sino en integrar el dolor en nuestra biografía.

Entre el neoestoico blindado ante lo problemático y el victimista que se complace en su herida, Gasull traza una tercera vía: la vulnerabilidad lúcida, que comporta aceptar que el mundo es incontrolable, que la existencia está permanentemente acechada y que la única respuesta sensata a esta condición humana es el cuidado. El autor extiende este cuidado a todos los niveles de la realidad humana: el hogar, la patria, la naturaleza, la amistad. Cada uno de estos espacios, dice, es una forma de hogar que construimos frente a la intemperie. En cualquier caso, la vida humana no es una autoconstrucción, sino una herencia recibida, un don que exige responsabilidad y un corazón cultivado.

Hay en estas páginas una valerosa negación de que el ser humano sea un proyecto de autooptimización, la afirmación de que ser humano es «ser respuesta». No nos hacemos a nosotros mismos; nos hacemos al responder al otro y al exponernos al asombro; la de *self-made man* es una denominación idiota. Plantea Gasull una afinada antropología que quiere enfrentarse a la novelería que nos despista y la tecnificación que nos deshumaniza. Frente a la dispersión del mundo digital, nos invita a recuperar la lentitud de nuestras determinaciones cotidianas y amorosas: el tiempo de la sobremesa, del silencio compartido, los miramientos que trascienden a todas las utilidades. El hogar, nos dice, «se hace y rehace diariamente»; en esa modesta cotidianeidad nos jugamos la vida.

Amplía el autor esta imagen al hablar de la patria como hogar compartido. Frente al nacionalismo, que concibe aquella como una esencia cerrada, y frente al individualismo liberal, que la reduce a un contrato, el autor defiende el patriotismo como cuidado de una herencia común. La patria, sostiene, no es algo que tenemos, sino más bien algo que somos. Y serlo entraña pasar de los golpes en el pecho a urdir proyectos reales para mejorarla. A su sabio entender, la política es la forma pública de la ternura; diría que esto debieran leerlo los políticos que ahora ocupan la Carrera de San Jerónimo, pero, a riesgo de ser injusto con la excepción que confirma la regla, no lo diré porque sería en vano.

La ternura es el punto culminante del libro. Frente a la dureza del mundo, Gasull propone la ternura como forma radical de valentía, como gesto radical de humanidad: acercarse al otro sin máscaras, sin deseo de dominio, con el corazón expuesto. La ternura es la disposición que reconoce al otro como misterio y no como instrumento. Aquí se encuentra uno de los acentos teológicos del libro: el Dios cristiano no se revela como fuerza invulnerable, sino como ternura encarnada. Solo quien ama hasta las últimas consecuencias –solo quien ama de veras– sabe que ha de darse.

Escribe Antonio Damasio en el epílogo a su *El error de Descartes:*

Quizá la cosa más indispensable que podemos hacer como seres humanos, cada día de nuestra vida, es recordarnos a nosotros mismos y a los demás que somos complejos, frágiles, finitos y únicos. Y esta es, desde luego, la tarea difícil: desplazar el espíritu de su pedestal en ninguna parte hasta un lugar concreto, al tiempo que se conserva su dignidad y su importancia; reconocer su humilde origen y su vulnerabilidad, pero seguir dirigiendo una llamada a su gobierno.

La madurez ese ese proceso por el que aceptamos nuestra condición quebradiza y desde ahí aprendemos a crear justicia, amor y belleza; aprendemos a gobernar a los demás y sobre todo a gobernarnos. Frente a la cultura del nihilismo, la desesperanza y el cinismo, Pablo Gasull ha venido para subrayar que la fragilidad es la otra cara de la dignidad. Ha venido, además, para quedarse: nos seguirá inspirando y sorprendiendo en sucesivos y luminosos textos.

David Cerdá
Tomares, 6 de noviembre de 2025

1.

ERES VULNERABLE

El 11 de septiembre de 2023, mi vida cambió. A la 13:15 nacía mi hija, Elena, y mi mujer la acogió en su pecho y le dio su primer abrazo. Lo primero en lo que caí en la cuenta, aunque sea una obviedad, fue en la fragilidad con la que empezamos a vivir. Pesaba menos de tres kilos, no sostenía su cabeza, sus movimientos eran limitados y tenía dificultades para mamar. Como es natural en los padres primerizos, nos agobiábamos por cualquier cosa: que si no comía, que por qué lloraba, que si la leche estaba muy caliente… La cogíamos con mucha delicadeza, y le cambiábamos la ropa y los pañales con tanta suavidad que las enfermeras más experimentadas nos miraban extrañadas, como si quisieran decirnos que tampoco era para tanto. Una me dijo: «Es el primero, ¿verdad?».

Nacemos vulnerables, como la gran mayoría de los animales, y nuestra primera experiencia en la vida es el cuidado de nuestros padres, al menos de nuestra madre. Esta vulnerabilidad no solo se manifiesta en el recién nacido, sino también en sus pronera de verla, y con su sonrisa nos hace mejores, nos enriquece. Cuidamos y protegemos a nuestros hijos, pero en el fondo son ellos quienes nos enseñan a cuidar y proteger. La fragilidad de Elena nos abre el corazón, nos ofrece la oportunidad de mostrarnos también indefensos y necesitados de amor. Ocurre lo mismo en otras manifestaciones del cuidado, como cuando atiendo a un enfermo. Aprendo a tener paciencia, a consolar y a no dar lecciones o consejos a quien lo único que pide es ser escuchado. Es la atención al enfermo lo que nos transforma, él es quien nos hace ver con mayor claridad el sentido y la fecundidad del cuidado que mira primero al otro.

La gran mayoría de las personas, afortunadamente, reconocemos nuestra vulnerabilidad, pero en muchas ocasiones la reducimos al cuidado de uno mismo. Consideramos que la atención al «yo» debe ser el punto de partida para la atención al «tú». Actuamos así porque hemos crecido en una sociedad que está convencida de que las relaciones sociales se basan en el propio interés. Bajo este prisma, subyace una visión muy asentada: lo importante es estar bien con uno mismo. La felicidad es en este sentido una experiencia individual desligada de los otros y vinculada al presente; ser feliz es sentirse feliz.

Por este motivo, entendemos que la felicidad no tiene nada que ver con la justicia, que exige también el cuidado de los otros, y muchos de nosotros andamos muy preocupados por la primera, pero no por la segunda. Además, al entender la felicidad como un sentimiento, y, por tanto, al tratarse de una experiencia vinculada al presente –a lo que siento en este momento–, la felicidad deja de entenderse como un compromiso que ordena la vida de acuerdo a un fin, más allá de la realidad material que se nos presenta. Puedo hallar felicidad también –y me atrevería a poner atención a algo o alguien. En este contexto, *cogitare* hace referencia al pensamiento, a la atención reflexiva, por lo que, a diferencia de los animales, el cuidado humano requiere racionalidad. Si no hay un motivo, si no hay un porqué que tenga la fuerza suficiente para guiar nuestra acción, no podremos comprometernos con lo que se debe cuidar. Cuidar un hijo toda la vida, las instituciones democráticas o el medioambiente, solo se materializa cuando tenemos un fundamento de peso, un motivo que vaya más allá del instinto.

¿Cómo entendemos el cuidado actualmente? ¿Cómo se manifiesta y se oculta nuestra condición vulnerable? A priori, estamos muy familiarizados con la idea de cuidarnos: cuidar el cuerpo, la salud mental, la gestión de nuestras emociones… Hablamos de darnos tiempo, de aceptar cómo somos, de exteriorizar lo que sentimos. Afortunadamente, esta narrativa surge del reconocimiento de nuestra fragilidad y de la importancia de salvaguardar nuestro yo.

Sin embargo, esta narrativa, imprescindible por un lado, ha tomado un enfoque reduccionista en la actualidad. Al poner el foco exclusivamente en el yo, se antepone mi identidad al «tú». Cuidar es, por tanto, cuidarse, y no, también y en primer lugar, cuidar al otro. El «tú», por tanto, ocupa un segundo plano: se ama a uno mismo para luego amar al otro. Sin embargo, se olvida que cuidar a los demás es una forma de cuidarse: se ama al otro para amarse a uno mismo. Elena, mi hija recién nacida, no solo es sujetada por sus padres, sino que sus padres también son sujetados por ella. Desde su nacimiento, Elena nos recordó la vulnerabilidad de la vida, nos conmovió con su ternura y nos enseñó a relativizar nuestra situación –ser padre es aprender a vivir cansado–. En definitiva, Elena cambia nuestra vida y nuestra manera de verla, y con su sonrisa nos hace mejores, nos enriquece. Cuidamos y protegemos a nuestros hijos, pero en el fondo son ellos quienes nos enseñan a cuidar y proteger. La fragilidad de Elena nos abre el corazón, nos ofrece la oportunidad de mostrarnos también indefensos y necesitados de amor. Ocurre lo mismo en otras manifestaciones del cuidado, como cuando atiendo a un enfermo. Aprendo a tener paciencia, a consolar y a no dar lecciones o consejos a quien lo único que pide es ser escuchado. Es la atención al enfermo lo que nos transforma, él es quien nos hace ver con mayor claridad el sentido y la fecundidad del cuidado que mira primero al otro.

La gran mayoría de las personas, afortunadamente, reconocemos nuestra vulnerabilidad, pero en muchas ocasiones la reducimos al cuidado de uno mismo. Consideramos que la atención al «yo» debe ser el punto de partida para la atención al «tú». Actuamos así porque hemos crecido en una sociedad que está convencida de que las relaciones sociales se basan en el propio interés. Bajo este prisma, subyace una visión muy asentada: lo importante es estar bien con uno mismo. La felicidad es en este sentido una experiencia individual desligada de los otros y vinculada al presente; ser feliz es sentirse feliz.

Por este motivo, entendemos que la felicidad no tiene nada que ver con la justicia, que exige también el cuidado de los otros, y muchos de nosotros andamos muy preocupados por la primera, pero no por la segunda. Además, al entender la felicidad como un sentimiento, y, por tanto, al tratarse de una experiencia vinculada al presente –a lo que siento en este momento–, la felicidad deja de entenderse como un compromiso que ordena la vida de acuerdo a un fin, más allá de la realidad material que se nos presenta. Puedo hallar felicidad también –y me atrevería a decir sobre todo– en situaciones en las que no estoy en mi mejor estado mental o físico, en las que carezco o sacrifico ciertas condiciones materiales por la persecución de un bien mayor. Con Elena, vivo cansado, a veces me desespera, limita mi vida social o los proyectos que me gustaría hacer, pero, al menos y por suerte, tengo claro qué es lo que tengo que hacer: cuidarla, verla crecer y hacerla feliz. Las renuncias que implica la paternidad adquieren un sentido más profundo y se convierten en una ampliación de la vida, porque toda mi existencia se ordena al único fin de cuidarla. Visto así, quizá quepan más renuncias en la decisión de no tener hijos –cuando no se tiene orden ni fines en la vida– que en las renuncias que implica la propia paternidad.

En definitiva, si el «tú» es la base para amarse a uno mismo, si el cuidado toma como punto de partida al otro, la vida feliz exige también la responsabilidad de cuidar y hacer felices a los demás. La felicidad, por tanto, no es un sentimiento, sino un compromiso con el cuidado; un compromiso que da sentido y ordena la totalidad de nuestra vida. No es lo mismo sentirse feliz que ser feliz. De ahí que la felicidad esté al final, no al principio; sobre la plenitud solo se puede hablar en pasado. Felicidad es, en definitiva, construir un proyecto de futuro y tener un pasado al que volver.

Aparte de reducir la vulnerabilidad al cuidado de uno mismo, también hay personas que directamente no reconocen su vulnerabilidad. Este fenómeno generalmente se da por dos motivos. En primer lugar, porque nos hemos visto atraídos por un movimiento al que llamamos estoicismo –por cierto, mal entendido–, que promueve la disciplina y la necesidad de ser impasible ante la fragilidad o las emociones que muestran algún signo de debilidad. Ante una sociedad floja y victimizada, eres responsable de tus propios problemas, y solo tú tienes la capacidad de solucionarlos. Por eso, los fracasados naufragan por su culpa y no hay que mostrar lástima por ellos.

Este neoestoicismo insiste constantemente en la necesidad de formar hábitos para ser felices, como si la felicidad pudiera reducirse a un manual de actuaciones: «Con estos 7 pasos serás feliz», «sigue estos 12 hábitos y cambiarás tu vida». Lo que importa es el hábito, no el sentido que ordena el hábito de acuerdo a un fin. «Come bien y estarás sano». Sí, pero sano para qué. Hablamos mucho de hábitos pero muy poco de fines. Cuál es el sentido de todo lo que hago es quizá la primera pregunta que deberíamos hacernos antes de hablar de hábitos. La vida la reducimos así a una serie de objetivos que hay que cumplir, como si hiciéramos la lista de la compra.

Esta filosofía también hace hincapié en la resistencia ante la adversidad. Conceptos como resiliencia, actitud, perseverancia o tenacidad son utilizados habitualmente para hacer referencia a que uno siempre puede hacer más que lo que la realidad le impone, aguantar impávido todo lo que le venga: «No son las cosas lo que nos molesta, sino nuestro juicio sobre las cosas», suelen decir. Es una filosofía enfocada exclusivamente en las reacciones y comportamientos del individuo. De esta manera, los problemas del mundo no son sino una extensión de los problemas psicológicos de los individuos. Por eso, es una filosofía simplificadora que se apoya en frases imprecisas y ambiguas, muchas de ellas descontextualizadas, como «abraza la incomodidad» o «enfócate en tu mentalidad»; frases que parece que dicen mucho, pero que en realidad no dicen nada.

Este neoestoicismo pretende controlar y gestionar lo que nos pasa, y niega al mismo tiempo nuestra condición vulnerable, vacilante e insegura. La niega precisamente porque identifica vulnerabilidad con flojedad, y busca una explicación firme y ordenada en un mundo lleno de incertidumbres.

En el otro extremo, algunos hemos pecado de lo contrario: creer que lo que nos pasa siempre es culpa del otro: de los ricos, de las empresas, del sistema... Creemos que todo está mal en el mundo, que este ha sido mal diseñado. Nos percibimos víctimas de un sistema que no podemos cambiar y exigimos que alguien o algo nos restituya. No me refiero, por supuesto, a quien lucha por causas justas –ya decía santo Tomás de Aquino que quien no se enfada cuando hay justa causa para enfadarse es inmoral–, sino a quien instaura la queja como principio motor de su vida; esa queja destinada a justificarse y que para lo único que sirve es para darse lástima a uno mismo. Se exculpa buscando culpables y exigiendo responsabilidades a los demás. Vamos, lo que hemos llamado toda la vida un quejica. Lo curioso es que, a diferencia del neoestoicismo, que niega la vulnerabilidad por identificarla con la flojedad, esta victimización afirma la vulnerabilidad precisamente porque la identifica con la flojedad: no puedo hacer nada para cambiar las cosas, todo conspira contra mí. Uno la afirma y el otro la niega, curiosamente, por lo mismo.

Pero, a diferencia del neoestoicismo y la victimización, vulnerabilidad no es flojedad, sino aceptación de la precariedad de la vida. Hay que ser valiente para afirmar serenamente que somos poca cosa, que el mundo es incontrolable y demasiado grande; que en cualquier momento la muerte llama a la puerta. Es necesario tener coraje para reconocer que podemos sufrir y que, no cabe duda, sufriremos. Y es de valientes también tomar conciencia de que vivir es resistir a la violencia y la indiferencia existentes en este mundo y que todo cuanto vemos y creemos de él es frágil y susceptible de ser borrado.

Hablábamos de que existen dos motivos por los que las personas no reconocen su vulnerabilidad. El segundo es que muchos de nosotros no hemos tenido la oportunidad de experimentar la vulnerabilidad. Quizá porque en nuestro hogar no hubo amor o porque no hemos tenido referentes que nos inspiren confianza y nos den esperanza, cayendo fácilmente en el error de que el mundo es un lugar violento en el que hay que protegerse del otro, y no abrirse al otro. En lugar de apertura, reclusión; en lugar de refugiarnos entre nosotros, refugiarse de los demás. Estas personas llevan consigo una profunda herida y no son capaces de abrirse por el miedo que tienen a que otros profundicen aún más en ella. Sin embargo, para amar, enternecerse o pedir perdón es necesario sentirse vulnerable, dejando espacio para que el otro entre en mí. Nos dicen con una mano en alto que es necesario empoderarse para ser libres, mientras esconden con la otra la desconfianza tan generalizada que tenemos del prójimo. Porque empoderarse siempre conlleva identificar a un enemigo que busca someternos, a un subyugador del que hay que protegerse. Tenemos una concepción muy pesimista del ser humano: no hay nada genuino, sincero, sino que todos nos movemos por intereses espurios, con la voluntad de ser más que el otro. Nos hemos acostumbrado a una sociedad basada en la lucha de intereses y no en la confianza al otro.

Reconocer nuestra vulnerabilidad es asumir nuestra condición. Nacemos y morimos siendo poca cosa. No hay nada más humano que preguntarse quiénes somos sin hallar una respuesta clara; de reconocer nuestro misterio y el del mundo. No hay humanidad si no aceptamos la necesidad de cuidar y que nos cuiden, si no admitimos que somos dependientes de los otros. No pienses que eres alguien al margen de los otros, porque, en el fondo, no eres nadie siendo tú mismo.

En estas páginas que siguen me gustaría compartir contigo algunos ámbitos de la vida en los que se muestra de forma clara e ineludible nuestra condición vulnerable: la duda y la imposibilidad de hallar una explicación cerrada y racional de nuestra existencia, la influencia del otro en nosotros, el paso del tiempo, el amor o la inmensidad de un cielo estrellado. Recordarla es tener siempre presente qué somos. Reconocerla es atisbar tierra firme en este océano de incertidumbres, llevar con nosotros un mapa que nos indica el camino: el cuidado del otro y la aceptación de que la única forma de significar nuestra vida es considerarla insignificante.

2.
SI QUIERES LA VERDAD, ¡CAMINA!

El mundo del hombre es un interrogante. Somos ese ser extraño que tiene la capacidad y necesidad de preguntarse sobre su origen y destino, sin saber de forma evidente qué hace aquí o a dónde va. No podemos evitar nuestra incógnita y tenemos un profundo deseo de explicarnos. Por eso, ser humano es, en primera instancia, preguntarse, buscarse y explicarse. Quien no lleva a cabo este viaje, nunca se encontrará a sí mismo ni se reconocerá en los demás.

Cuando estudiaba en la universidad, algunos amigos y yo comenzamos a dar charlas en los colegios sobre la importancia de la filosofía, a raíz de su eliminación como asignatura obligatoria. Siempre lanzábamos la misma pregunta: ¿Alguien cree que la filosofía no sirve para nada? Normalmente, el chico de la última fila, encorvado y sentado chapuceramente, seguro de sí mismo y con aire orgulloso, respondía: «Yo. Solo son ralladas que no importan a nadie». «¿Por qué», le replicamos. Y ese por qué ya desmoronaba su afirmación. Hacía el esfuerzo por argumentar su tesis sin darse cuenta de que en esa explicación estaba comenzando a filosofar.

No hay forma de evadir nuestra condición, estamos llamados a responder nuestra incógnita. Por eso, la filosofía, preguntarse y buscarse, sirve para conocernos, es decir, para humanizarnos; somos más nosotros cuando tratamos de averiguar qué somos. La filosofía no es simplemente una disciplina de conocimiento, como la Física o el Derecho, sino, en primer lugar, la actitud natural que mostramos ante el misterio del mundo. Por eso, el pensamiento desligado de la vida, el enquistamiento del concepto que no involucra al sujeto, no es filosofía.

Actualmente, esta búsqueda de explicarnos se percibe como un laberinto sin salida. Todos somos conscientes de cómo la ciencia avanza sin freno. Las innovaciones tecnológicas no dejan de sorprendernos y estamos convencidos de que dentro de un siglo la ciencia será capaz de hacer cosas inimaginables. ¡Qué maravilla es la inteligencia artificial! En cambio, ¿qué avances ha habido en filosofía?, ¿sabemos ya cuál es el sentido de la vida?, ¿qué es la felicidad?, ¿existe Dios?, ¿qué es lo bueno? Llevamos siglos pensando y parece que volvemos siempre a las mismas preguntas, como si las cuestiones que abordamos sobre el ser humano no tuvieran una solución concreta y finita, una solución palpable en el mundo real. Los científicos parecen ponerse de acuerdo, pero cada filósofo tiene una opinión y parece que lo único que hacen es debatir sus posturas.

La cuestión es que en el ámbito de lo humano no existe seguridad a la que aferrarse. Sobre nuestro origen y destino no hay firmeza. Siempre cabe la posibilidad de la negación: ¿y si la vida no tiene sentido?, ¿y si Dios no existe? Es evidente que las grandes preguntas del hombre no se resuelven en un laboratorio ni a través de una ley matemática. Vamos por la vida caminando a través de la duda, titubeantes. Somos vulnerables ante los interrogantes que se nos presentan. Si no hay certeza, esa certidumbre sobre la que descansa la ciencia, ¿tiene sentido preguntarnos por nuestra condición? ¿Para qué entonces rumiar la pregunta si no tiene respuesta?

Quizá tengamos que comenzar por desmontar un mito; el mito de que la filosofía no ofrece respuestas. El problema es que el hombre moderno quiere una demostración lógica del mundo; una demostración que esté desligada de la experiencia de la vida. Para demostrar el teorema de Pitágoras, no es necesario involucrarme, poner en juego mi vida. La fórmula matemática se basta a sí misma. Sin embargo, para responder acerca del sentido de mi vida, primero es fundamental vivir y avanzar hacia delante; vivir mi vida y no la de otro, es decir, hacerme cargo de mi condición humana. La verdad filosófica no es una deducción, sino en primer lugar una búsqueda. Como en el Camino de Santiago, lo esencial es andar y descubrir lo que el propio camino solo puede ofrecer cuando lo transcurres. Es necesario primero ponerse en marcha, vivir y buscar, para poder hallar. Uno no puede hacer el camino por otro. A veces se nos suele decir coloquialmente que es bueno parar y pensar sobre nuestra vida, pero no se responde a la pregunta parado, sino en marcha.

Por esta razón, la filosofía nunca avanzará como lo hace la ciencia, porque es cada uno quien tiene que cargar con sus preguntas. Uno debe hacer suya la búsqueda. Puedo deducir que el Camino de Santiago es maravilloso por las experiencias que otros tienen de él o por los pueblos por los que transcurre el sendero, pero si no lo camino yo, no entraré nunca en el terreno de la verdad. A diferencia del progreso científico, la ética hay que hacerla propia, renovarla y mantenerla, por lo que su progreso no es tan claro ni tan estable. Cada época tiene sus dilemas y dificultades y cada ser humano debe lidiar con su propia historia.

En el mundo de lo humano no hay firmeza, y es cierto que, mientras estemos vivos, las incógnitas del hombre no son resueltas del todo; siempre cabe la posibilidad de la duda y la negación. Ahora bien, no es lo mismo decir que la filosofía no halla respuestas a decir que encuentra respuestas incompletas. Hay una gran diferencia. La duda, por tanto, nos acompaña, pero no es incompatible con la verdad. Dice Nuccio Ordine en *La utilidad de lo inútil* que «solo cuando se cree verdaderamente en la verdad, se sabe que, el único modo de mantenerla siempre viva es ponerla continuamente en duda»[1]. Mientras estemos vivos, no hay cimiento que nos sustente. Ordine cita al escritor Gotthold Ephraim Lessing, quien no lo puede resumir mejor:

> La valía del ser humano no reside en la verdad que uno posee o cree poseer, sino en el sincero esfuerzo que realiza para alcanzarla. Porque las fuerzas que incrementan su perfección solo se amplían mediante la búsqueda de la verdad, no mediante la posesión. La posesión aquieta, vuelve perezoso y soberbio. Si Dios tuviera encerrada en la mano derecha la verdad completa y en la mano izquierda nada más que el continuo impulso hacia ella, aun con la condición de equivocarse siempre y eternamente, y me dijera: «¡Elige!», yo me inclinaría con humildad hacia su izquierda y diría: «Dame esto, Padre, la verdad pura solo te corresponde a ti»[2].

---

[1] Nuccio Ordine, *La utilidad de lo inútil* (Acantilado, Barcelona 2013), 131.

[2] Ibid., 133.

* * *

Muchas personas desconocemos qué es y qué papel juega la filosofía y, a menudo, quien se apoya en ella es para tener un repertorio de citas rompedoras con el que poder ganarse al público. La filosofía se considera una forma de homeopatía: no es universal, carece de objetividad, pero viene estupendamente bien a quien le sirve. Se percibe como una actividad culta y respetada, pero completamente subjetiva. Solo sirve para buscarse, en singular, sin poder contrastar mis verdades con la de los demás. Te miran extraño si tratas de justificarla como una ciencia de lo humano, como una disciplina que pueda hallar verdades al margen de la opinión de cada uno. Al ser considerada una búsqueda personal, la filosofía solo puede aspirar a ser un método de autoayuda que permita a la gente encontrar su sentido. Y utilizo el adjetivo posesivo «su» porque el mundo de lo humano ha dejado de ser compartido. Se tiene la convicción de que conocerse a uno mismo es enclaustrarse en el yo y se deja de lado esa idea tan antigua de que conocerse es, en el fondo, conocernos. En otras palabras, una esencia común a todos los seres humanos.

El miedo a la incertidumbre, al terreno resbaladizo de lo humano y, en definitiva, a nuestra condición vulnerable, nos ha llevado a identificar la verdad como verdad lógica o experimental. Solo existe aquello que es medible o deducible. En favor de la seguridad, creemos posible reducir el misterio del mundo a una ley universal. Sin embargo, el hombre escapa constantemente de este esquema porque no hay ley ni experimento científico que encuentre certeza sobre lo que somos. Por mucho que avance la ciencia, seguiremos siendo un misterio. La ciencia no puede responder preguntas como a qué he venido al mundo o cuál es el sentido de mi vida.

Al ser humano se le mira y piensa de forma distinta que al resto de cosas. De hecho, el intento cientificista de reducir la conciencia a un conjunto de interacciones entre las neuronas, a una realidad exclusivamente material, parte de una contradicción. Para darme cuenta de que un objeto existe o «está ahí enfrente», tengo que ser consciente de ello, es decir, para hablar de la existencia de algo, es necesaria la conciencia. De esta manera, la conciencia es la condición de posibilidad de lo existente. Por tanto, ¿cómo vamos a estudiar la conciencia de la misma manera que una roca o una vaca, cuando ella misma es condición de posibilidad de la roca o la vaca? La réplica es sencilla: la roca o la vaca existen independientemente de nuestra conciencia. Sí, pero para dar cuenta de ello, es necesario tener conciencia. Como vemos, es una pescadilla que se muerde la cola. Con esto quiere decir que la ciencia ha tenido en muchas ocasiones la pretensión de explicar la realidad tal cual es, como si esta fuera una entidad independientemente de nuestra mirada, desatendiendo la importancia que tiene la interpretación en la propia observación científica.

La pregunta que debemos hacernos ahora es la siguiente: ¿cabe hablar de verdades universales que no sean deducibles por la lógica o el experimento científico?, es decir, ¿caben verdades universales en el mundo de lo humano, en el mundo de lo incierto y la posibilidad? Sí, porque existe una ciencia de lo humano, una ciencia que reflexiona sobre los rasgos de nuestra existencia. Pondré un ejemplo para que se entienda mejor. La ternura es incompatible con la violencia. ¿Es posible demostrar a través de una ley matemática o un experimento científico esta afirmación? Por supuesto que no. Son la experiencia y el discurso racional los que me iluminan la verdad de esta afirmación; una afirmación verdadera en el mundo de lo humano, una verdad que escapa a la deducción o a la experimentación empírica. También podríamos fijarnos en la cercanía de la ternura. Para que haya ternura, es necesaria la intimidad, la cercanía entre dos personas. Ahora bien, ¿qué distancia tiene esa cercanía?, ¿cuánto mide? Por supuesto, son preguntas que carecen de sentido, porque no hablamos de una categoría medible –como la distancia que hay entre dos puntos en el espacio–, sino de una categoría humana, existencial.

Una vez que reconocemos nuestra incertidumbre y asumimos nuestra vulnerabilidad, es decir, una vez que tomamos conciencia de que lo humano no puede explicarse a través de lo que consideramos científico, estamos en disposición de comenzar a buscar algunas verdades que nos orienten y sustenten.

Todo ser humano desea ser feliz. Esta afirmación, que ya intuyó Aristóteles para desarrollar su ética, parte de la propia experiencia. El ser humano quiere su felicidad y todas las acciones se encaminan a ella como fin último de nuestra vida. Quien niega esta afirmación, en el fondo se está negando a sí mismo o lo hace en razón de un bien diferente que supuestamente le haría feliz. No querer la propia felicidad, aun cuando se busque un supuesto bien, es inhumano y siniestro.

De este deseo por la felicidad, surge otro: el anhelo por el paraíso. Nos gustaría un mundo sin violencia ni explotación, un mundo sin guerras ni odio, un lugar donde todos podamos, en definitiva, descansar, ser felices y vivir en paz. Ya sabemos que es pura ficción, pero es profundamente humano tomar conciencia de ese deseo por el edén.

En nuestro corazón resuena *Imagine all the people,* de John Lenon. Sin embargo, aquí abajo no hay plenitud. El ser humano, como decía al comienzo, es un ser conflictivo: su deseo no se corresponde con la realidad. El paraíso de Adán y Eva siempre estuvo cerrado para el resto de la humanidad. Esta historia ficticia de una pareja que deambulaba desnuda por un jardín lleno de animales y plantas afrodisiacas nos cuenta una verdad irrefutable: que el paraíso no existe en la tierra, que el hombre sufre, suda para ganarse el pan de cada día y padece injusticias. La presencia del mal en el mundo nos arrolla a menudo. Y aunque podamos construir nuestros propios jardines amurallados y hacer oídos sordos a lo que pasa ahí fuera, tarde o temprano nos daremos cuenta de que nuestro pequeño paraíso es una mentira.

El deseo por el paraíso es un anhelo por el infinito. Aquí abajo no hay plenitud, pero cuánto nos gustaría tenerla. Nos percibimos como seres incompletos. Tenemos la sensación de que siempre nos falta algo. Joan-Carles Mèlich escribe en *La fragilidad del mundo* que «hay deseo porque hay insatisfacción, porque nada ni nadie puede llenar la existencia, porque existir es "ser en falta", porque tenemos la sensación de que el mundo en el que nacemos no nos es suficiente»[3]. El anhelo del edén no es más que el anhelo del infinito, ese Cielo que tanto hemos deseado después de la muerte. No sabemos si existirá o no, pero en el fondo de nuestro corazón algo nos impulsa hacia él. Qué broma tan macabra sería si esta tendencia natural hacia el infinito fuera, en realidad, una ficción. Tan macabra, que no habría opción de negar a Dios, aunque este fuera horrible, porque solo un ser inteligente es capaz de ser sarcástico.

Si aquí no hay plenitud, ¿qué nos queda? El cuidado. Sin cuidado y amparo, no hay humanidad. Fruto de esa ruptura que experimentamos entre el mundo finito y el edén, el ser humano es

---

[3] Joan-Carles Mèlich, *La fragilidad del mundo* (TusQuets Editores, Barcelona 2021), 58.

un ser vulnerable. Advertir nuestra pequeñez, nuestras debilidades, es humanizarnos. Y esta vulnerabilidad es la que nos permite la apertura hacia el otro. Solo quien se siente amado, reconoce y acepta sus fragilidades; no hay amor, por tanto, sin fragilidad. La persona enamorada de sí misma es un narcisista que, como Narciso, solo presta atención a su imagen reflejada, a sus fortalezas. Se cree capaz de todo, sin ayuda de nadie. Por tanto, no puede salir de sí al encuentro de los demás, al reconocimiento del otro en su singularidad y debilidad. La experiencia con mi mujer, Sofía, es clara: cuanto más nos abrimos y mostramos nuestras heridas, más nos queremos. El amor es la fuerza de los débiles[4].

He traído a colación esta explicación, que no es deducible por la ciencia y que, sin embargo, todos nosotros podemos reconocernos en ella. Ni las leyes matemáticas ni los experimentos en el laboratorio darán cuenta de esta verdad. Sin embargo, el hombre actual, dominado por la técnica, busca una demostración lógica del mundo, una estructura desligada de lo humano. Pero por mucho que busquemos, el ser humano tiene que hacerse cargo inevitablemente de su condición, enfrentarse a su incógnita. Algunos científicos han afirmado que, una vez que descubramos esa ley universal que explique el universo, seremos capaces de comprendernos a nosotros mismos. Sin embargo, podremos saber cómo funciona el universo, pero eso no resolverá en absoluto el misterio del hombre y la razón de su existir. El hombre se en-

---

[4] Es necesario aclarar que es en esta debilidad donde se puede exigir al ser amado estar a la altura de quien es o de quien puede ser. Un amor que acepta pero no exige la mejor versión de uno mismo no es un amor verdadero. Ahora bien, la exigencia solo es posible cuando se ama a alguien en su fragilidad, sin condiciones.

cuentra irremediablemente con la necesidad de andar y seguir buscando.

* * *

No solo el reduccionismo cientificista ha puesto en jaque a la filosofía. Su peor enemigo, desde sus orígenes, ha sido ella misma. Se autodestruye cuando renuncia a la razón y, por tanto, a cualquier proyecto racional sobre la vida humana, dando lugar a viejos fantasmas, como las ideologías –dicho de otra manera, la absolutización de la verdad–, que actualmente campan a sus anchas sin ningún tipo de inquietud. Esta renuncia se produce cuando el hombre desiste de su incógnita e incertidumbre, cuando rechaza hacerse cargo de su condición vulnerable y limitada para refugiarse en sistemas que ofrecen la falsa esperanza de explicar el misterio del hombre.

Lidiar con la vulnerabilidad que generan la incertidumbre y la duda nunca ha sido fácil. En una conferencia, Savater dijo que esta tarea del hombre de explicarse, que es, en definitiva, el cometido de la filosofía, cansa mucho. Por eso, a los viejos –dijo irónicamente– ya no les interesa la filosofía, ya han pensado demasiado. La duda nos acompaña allí donde vayamos, porque la pregunta nunca agota su interrogación. Sin embargo, por muy tediosa que resulte esta tarea, no es posible vivir sin un para qué, salvo que uno se lance a los brazos del nihilismo más cruel. Una de las estructuras existenciales del ser humano es el sentido. Allí donde se encuentre sentido, allí está el hombre o sus huellas.

No cabe duda de que hemos renunciado a buscarnos, nos hemos cansado de nuestra condición vacilante y creemos no tener remedio. De hecho, es la primera vez en la historia en la que no nos enorgullecemos de ser humanos. Tener fe en la humanidad es actualmente un delirio y cualquier proyecto futuro, una ingenuidad. Muchos vemos nuestro futuro negro y sin esperanza, abocado a un apocalipsis repentino. A pesar de nuestra falta de fe, curiosamente ponemos nuestras esperanzas en un apocalipsis que expíe los males que hemos causado. A pesar de jactarnos de nuestra racionalidad científica, seguimos convencidos de viejas creencias que no pueden borrarse del corazón humano.

Ante el pesimismo injustificado, no tenemos otra opción que refugiarnos en ideologías y reduccionismos que ofrezcan una sensación de seguridad. Se deforma la realidad, transformando los hechos para que satisfagan las necesidades internas del pensamiento. Las ideologías reducen la vida al generar dicotomías claras y distintas –opresores y oprimidos; explotadores y explotados; víctimas y verdugos–, y nos encasillan en identidades que nos definen inequívocamente. Es curioso cómo, en el mundo de hoy donde impera el discurso sobre la diversidad, se anule la singularidad de la persona en favor de un catálogo de etiquetas determinantes. Como decía, cada vez hay más personas que no se enorgullecen de pertenecer al género humano, pero sí de su raza, preferencia sexual o nacionalidad. La vida se ha ideologizado dando lugar a colectivos identitarios.

Al clasificar al hombre según colectivos, aquel que no se identifica conmigo es una condena, un ser molesto con el que no vale la pena dialogar ni buscar puntos de encuentro. Existe un desprecio por el otro y, al mismo tiempo, una necesidad de sentirnos identificados con los demás. En esto estriba justamente la identidad que nos han vendido: homogeneidad que asegura y anulación de la singularidad, del otro como ser único e irrepetible.

Un ejemplo muy ilustrativo es la ideología de la raza, por la que cualquier acontecimiento histórico es explicado bajo una ley inmutable: el blanco oprime al negro. Antes del hecho particular, ya hay una ley explicativa del mundo: los blancos tienen una tendencia natural a la colonización y la explotación de las razas. Así, cualquier «privilegio» del hombre blanco es explicado bajo esta ley. Este movimiento ha llegado a rechazar la democracia liberal al considerarla una fuerza opresora del hombre blanco. Hasta el conocimiento racional es problemático porque responde a una dinámica de su cultura. Por eso, la ideología de las razas considera que la experiencia ocupa una posición más destacable que la razón, dando lugar a conclusiones nefastas como esta: si no eres negro, no puedes entender la realidad de un negro. En una entrevista que le hice al periodista Argemino Barro, describió con un ejemplo muy ilustrativo cómo funcionaba esta ideología. Comentaba que en algunos colegios en Estados Unidos se habían desarrollado grupos de afinidad racial. El periodista explicaba que los niños, cuando cumplen los tres años, se dividen en grupos según su raza, porque se considera que solo pueden sentirse seguros si están rodeados de su gente. En este sentido, subyace la idea de que el hombre blanco es, por naturaleza, opresor. Es una visión de las relaciones humanas extremadamente sórdida. En esta visión, cualquier hecho particular es explicado bajo el paraguas de la opresión. Si un hombre blanco asciende de clase social a base de esfuerzo y determinación, la ideología de la raza nos dice que no es su esfuerzo, sino su condición de blanco lo que le lleva a ascender socialmente. Y si en lugar de ser blanco fuera negro, entonces sí que estaría justificado que su trabajo y no su condición de negro es lo que le lleva a un nivel económico más alto.

En definitiva, hemos dejado de lidiar con nuestra incertidumbre en favor de una falsa seguridad. Nos tranquiliza, pero al mismo tiempo nos simplifica. Una vez que desistimos de nuestra condición vulnerable, de la tarea de buscarnos y explicarnos, abandonamos la razón como guía y brújula de nuestra aventura. Vivir titubeante, dialogar con nuestra incertidumbre sin hallar nada inmutable que nos consuele es, como decía Savater, una tarea difícil. Las ideologías son más atractivas porque no requieren de la responsabilidad de hacerse cargo de uno mismo –son verdades deducibles que no necesitan de la experiencia de la vida–. Y cuando uno deja de lado esta tarea, ya no hay motivo para buscarse, ya no hay puerto al que atracar. No hay dirección ni camino porque ya no es posible establecer un marco de lo humano, es decir, un marco de la incertidumbre y la finitud. En definitiva, no hay nada esencial en el ser humano salvo el deseo de construirnos y definirnos como queramos. Si ya no es posible conocerse –hallar en nosotros algo previo al deseo–, la única alternativa es la construcción de lo que deseemos ser. En lugar de hallarse, autodefinirse.

Desde esta mirada, no nos queda otra opción que desconfiar de la razón, que no nos ofrece una solución inmediata al problema de la indeterminación humana, para abrazar el constructivismo subjetivista, que toma como criterio de su desarrollo el deseo y el sentimiento desvinculados de los demás.

En primer lugar, cuando el deseo se convierte en el criterio para formar mi identidad –yo soy lo que yo quiera–, en la vida social el deseo se convierte en fuente de derecho. No es de extrañar la proliferación del lenguaje de derechos en la política actual. Desear algo se ha convertido automáticamente en «tener derecho a», porque me construyo a partir de lo que yo quiero; desear ya constituye un derecho primario. Deseo tener un hijo por gestación subrogada, por lo que tengo derecho a ello. Mi deseo y, por tanto, mi derecho preceden a la reflexión sobre si la gestación subrogada es buena o mala.

Actualmente, los avances tecnológicos están permitiendo hacer realidad cada vez más deseos. La gestación subrogada dejará de ser conflictiva cuando creemos la gestación artificial, que será la forma menos problemática y eficaz para que cualquiera pueda tener hijos. Conceptos como maternidad, gestación y sexualidad cambiarán por completo de significado. Los jóvenes aspiramos a configurar nuestra vida como deseamos –a esto lo llamamos libertad–, por lo que ya no se trata de establecer límites entre lo bueno y lo malo, entre lo que es humano y lo que no, sino entre la posibilidad y lo imposible. La lógica es simple: si lo deseo y es posible llevarlo a cabo, ¿quién eres tú para impedirlo?

Sin embargo, fundar el derecho en el deseo nos lleva irremediablemente a vaciar de contenido los conceptos. Si el hijo deja de ser el fruto de un amor compartido a través de la sexualidad, para convertirse en un objeto de compra –tanto la gestación subrogada como la posible gestación artificial no dejan de ser un producto–, ¿dónde queda entonces la maternidad o la experiencia de la gestación? ¿Qué significa entonces el hijo? Una compañera del trabajo me decía que no quería ser madre por el esfuerzo que supone el embarazo. ¿Sería mejor suprimirlo? ¿Qué significará, cuando la gestación artificial sea posible, quedarse embarazada?

Por otro lado, si el deseo individual es sustitutivo de «tengo derecho a», estamos olvidando que el derecho es una conquista, no un privilegio adquirido al nacer. En palabras de José Antonio Marina, se ha pasado por alto «que los derechos no son propiedades reales del ser humano, sino posibilidades reales». Tener derecho, por ejemplo, a la baja por paternidad es una conquista que se ha logrado gracias a las condiciones de posibilidad del Estado moderno. Defender la baja por paternidad o la educación universal en el siglo XVII era absurdo, porque se trataba de derechos inalcanzables. De lo que es no se puede pasar a lo que debe ser. Como señala Marina, hay una diferencia entre la proposición: «El hombre es por naturaleza sujeto de derechos» y esta otra: «Todo ser humano considera bueno tener derechos»[5].

Pero no solo el deseo se convierte en fuente de derecho cuando nos aferramos al subjetivismo, sino que el sentimiento se convierte en criterio de verdad. El discurso racional es rechazado y sustituido por el discurso sentimental. Ya no tiene razón quien argumenta con verdad, sino quien siente más. Por este motivo, tendemos a pensar que no podemos hablar sobre la realidad de las mujeres si somos hombres y que los blancos no pueden argumentar sobre «cuestiones de negros». La verdad solo es legitimada por la experiencia. Si no lo has vivido, no puedes hablar de ello. La consecuencia es la disgregación de discursos, cada uno con su verdad, que no pueden ponerse en duda ni cuestionarse. No hay diálogo ni puntos de unión; no hay verdad, sino narrativas que luchan por ocupar el espacio público.

Ante el subjetivismo que rechaza la racionalidad, ante las ideologías que crean sistemas lógicos desligados de la experiencia de la vida y ante un cientificismo que reduce la verdad a lo medible y deducible, es menester devolver a la filosofía su espacio y relevancia en la vida humana, siendo conscientes de que se trata de una disciplina con pretensión de universalidad; de una universalidad, por supuesto, incompleta y frágil. La verdad, como nosotros, también es vulnerable, y, como la historia ya ha

---

[5] José Antonio Marina, *Ética para náufragos* (Anagrama, Barcelona 1995), 104.

demostrado varias veces, en cualquier momento puede deteriorarse o deformarse.

Seguimos nuestro viaje, ahora de la mano de la filosofía, para
seguir desentrañando otros ámbitos indispensables de la vida en
los que acontece nuestra condición vulnerable.

3.

TU VIDA NO TE PERTENECE

Las mejores cosas en la vida, las más buenas y bellas, no se consiguen, se reciben. Uno no elige nacer, no puede analizar previamente cómo deben ser idealmente sus padres o hermanos, no escoge el momento histórico en el que le gustaría haber vivido ni su lugar de nacimiento. Sin embargo, aquí estamos, arrojados al mundo. En ocasiones, de forma cruel y desamparados, sin padres que nos quieran o sin las condiciones materiales adecuadas. En otras, que son las verdaderamente humanas, en un hogar, contemplados por la mirada ilusionada de nuestros padres. Javier Puche enmarcó un aforismo precioso: «Antes de nacer, fuimos aquella mirada de nuestros padres». Sea en la intemperie o en el hogar, somos «hijos de», y llegamos al mundo inmersos en una historia y un pasado. Nacer es irrumpir en una narración. Por eso, dice Joan-Carles Mèlich: «Mi historia nunca es completamente mía, no me pertenece. Alguien que me precedió me pondrá un nombre y me contará quién soy y qué hago aquí. No existo sin un nombre que me ubique en un relato, sin un vínculo y una historia que otro me ha contado»[1]. Nombrar es un rasgo propiamente humano –los animales son capaces de reconocer, pero no de nombrar–. Nombrar es poner en relación, humanizar y vincular la realidad a través de la concreción y definición. Josep María Esquirol escribe que «recibir el nombre es recibir el primer amparo y la primera cura. Recibir el nombre es una bendición: la primera y más importante cosa bien dicha que te llega». Y añade: «porque recibo y me llaman, hablo; porque me siento llamado y mirado (reconocido y considerado), respondo»[2]. Allí donde hay nombres, hay humanidad. Un hombre sin pasado, desligado de una historia, es un hombre anónimo, un hombre sin nombre; un hombre roto.

Mi historia no me pertenece y esta experiencia nos hace también vulnerables. Arrastramos un pasado que, aunque lo neguemos, explica parte de lo que somos. En la Biblia, hay un pasaje tedioso donde se explica la genealogía de Jesús. Tanto en Mateo como en Lucas se mencionan más de 50 descendientes: «Abraham engendró a Isaac, Isaac a Jacob, y Jacob a Judá y a sus hermanos. Judá engendró de Tamar a Fares y a Zara, Fares a Esrom, y Esrom a Aram...». Muchas veces me he preguntado qué sentido tiene leer este pasaje en el que nunca te acuerdas de los nombres. Sin embargo, si fijamos la mirada en el pasado y la herencia, descubrimos que la genealogía es indispensable para saber quiénes somos y de dónde venimos. Los antiguos otorgaban al pasado una importancia que hoy se minusvalora. Porque sabían que eran parte de una historia, dependientes de otros que los precedieron.

---

[1] Joan-Carles Mèlich, *La fragilidad del mundo* (TusQuets Editores, Barcelona 2021), 21.

[2] Josep María Esquirol, *Humano, más humano, Una antropología de la herida infinita* (Acantilado, Barcelona 2021), 24-25.

Si uno lee algún clásico griego, por ejemplo, los personajes suelen presentarse en relación con sus padres: «Este es Alcibíades, hijo de Clinias». Por el contrario, nos hemos creído que el pasado es un condicionante, una cuerda que nos ata y de la que debemos desprendernos. Nos creemos mejores si nos independizamos de los padres –no solo económicamente– y si nos autorrealizamos, es decir, si construimos nuestra propia identidad al margen de todo aquello que no hemos elegido.

Por otro lado, no solo recibimos unos padres, también ellos reciben a los hijos. Nacer supone irrumpir, una sorpresa, un acontecimiento enteramente nuevo. Desde esta mirada, decíamos al inicio del libro, el hijo no solo es sujetado por los padres, sino que los padres también son sujetados por el hijo. Él nos recuerda que somos vulnerables, que en el mundo cabe también la ternura y la esperanza. Cuidamos y protegemos a nuestros hijos, pero, en el fondo, son ellos quienes nos enseñan a cuidar y proteger.

En definitiva, ni la vida ni la familia se eligen, ni siquiera los hijos son el resultado exclusivo de nuestra elección. Tampoco la amistad es seleccionable. Uno no va por la calle eligiendo a la carta a sus amigos. Siempre hay una primera vez azarosa, un encuentro espontáneo. Más que un encuentro, es un toparse con alguien, de casualidad, por coincidencia. Y después de muchas otras situaciones fortuitas que permiten el reencuentro, poco a poco se va forjando la amistad. En este sentido, uno elige mantener una amistad cuando, paradójicamente, ya la tiene.

En el amor ocurre algo semejante, incluso en aquellas personas afortunadas que dicen haber sentido un flechazo, un amor a primera vista, una convicción profunda de haber encontrado a la persona de sus vidas. Como en la amistad, siempre hubo una primera vez, un encuentro inesperado que escapa a nuestro control.

Nos han vendido la idea de que soy yo quien se enamora, quien, con su libertad y autonomía, decide a quién querer. Sin embargo, la experiencia del amor indica lo contrario, que es el otro quien me enamora y me sujeta. Ese flechazo del que coloquialmente hablamos, el flechazo de Cupido, es, en el fondo, un quedar tocado por el otro. Es el otro quien me hiere. El discurso del amor actual busca siempre motivos que justifiquen esa aparente elección: le quiero por esto o aquello, porque es de una manera o de otra… El amor es visto como una decisión racional y controlada. Sin embargo, el amor no busca razones, justamente porque buscar motivos es hablar de condicionantes y negar la incondicionalidad propia del amor. Una madre no quiere a su hijo porque sea de una manera o de otra, le quiere simplemente porque es su hijo. Lo mismo ocurre con el marido y la mujer. Cuando el amor madura, uno quiere a su mujer sencillamente porque es su mujer. De ahí que el amor sea un misterio, una experiencia inagotable y en muchas ocasiones inefable –en el amor, a veces decimos más con la mirada que con las palabras–. En definitiva, amar incondicionalmente es amar porque sí.

El amor no debe comprenderse como un movimiento unidireccional, sino como una dualidad, porque amar es también dejarse amar. Dejarse amar es confiar en la persona amada, dejar espacio al otro. Lo que no hemos entendido, especialmente aquellos que no reconocen su vulnerabilidad, es que lo verdaderamente difícil es dejarse amar, es decir, dejar de ser sujeto que actúa para reconocer la fragilidad humana y la dependencia con el otro.

Esta herencia que se recibe en el nacimiento, la familia, el amor o la amistad señala una estructura existencial primaria: somos, en primer lugar, un ser vulnerable que depende de la alteridad y nos encontramos con la tarea de hacernos cargo y abrirnos a ella. Estamos en manos del otro y es imposible tener un control absoluto sobre nuestra vida. Esta condición vulnerable nos indica que, ante todo, recibimos. Ser humano es, por tanto, «ser respuesta», responder a lo recibido, acogiendo nuestra herencia. Ser vulnerable es también responder a la vulnerabilidad de los demás, proteger y cuidar a los otros y responsabilizarnos de ellos. Esta forma de entender lo humano es radicalmente opuesta a la mentalidad que tenemos actualmente, que entiende que lo originario del ser humano no es responder, sino actuar; romper con lo recibido y construirnos y autorrealizarnos como queramos. Cuántas veces nos han repetido a los jóvenes: ¡sé tú mismo!

Nos han dicho también que tenemos que desconfiar de nuestra herencia, de la tradición, la historia o la lengua, que el pasado solo sirve para revisarlo y deconstruirlo con el fin de sacar a la luz las dominaciones subrepticias y los prejuicios arraigados. En lugar de abrirse al pasado, es preferible juzgarlo. Un buen ejemplo es el que muestra Bellamy en *Los desheredados:*

> Ya no se leerá *La Princesa de Clèves* para interesarse por la obra en su presencia viva, en aquello que aún puede enseñarnos del presente; se leerá solo para desmontar los mecanismos de los estereotipos sexuales que crea la propia narración: ¿qué relaciones de alienación son puestas en escena a través del amor de esta mujer? ¿Cómo se impone la dominación masculina a través de la descripción de los personajes[3].

Además, creemos que nuestra vida nos pertenece enteramente y que uno solo responde ante sus decisiones, que uno pue-

---

[3] François-Xavier Bellamy, *Los desheredados* (Ediciones Encuentro, Madrid 2018), 132.

de construir su identidad al margen de lo que uno ha recibido. Nos han hecho creer que la libertad es libertad de uno mismo, que es bueno desconfiar de la alteridad y de todo aquello que no podemos controlar. Hemos considerado que cualquier vinculación supone una restricción de la libertad. Los jóvenes creemos que nuestra vida, a diferencia de nuestros predecesores, tiene al fin valor porque nos vemos dueños de nuestras acciones. Por fin podemos decidir sin los demás qué queremos ser. Lo esencial no es qué he recibido, sino qué he hecho o voy a hacer. Por eso admiramos las historias de superación y los éxitos profesionales, aquellas personas que se han hecho a sí mismas, pero nos parece raro admirar lo que uno ha recibido, como si no fuera posible tenerlo todo antes de hacer nada. Nuestro tiempo nos exige hacer algo significativo, porque, si no, parece que nuestra vida no ha valido la pena. No es posible vivir sin objetivos ni retos. Por eso el éxito laboral o los logros deportivos *amateur* se han convertido en un indicativo muy relevante a la hora de considerar el éxito de una persona. Valoramos más lo que hacemos que el cuidado de lo que recibimos.

La psicología dominante en la actualidad, la psicología positiva, es un reflejo de cómo nos estamos entendiendo. Hemos confiado tanto en nosotros mismos, que hasta creemos que los estados psicológicos pueden ser dominados por la voluntad. Uno de los libros que mejor explican este fenómeno es *Happycracia, cómo la ciencia y la industria de la felicidad controlan nuestras vidas*, de Edgar Cabanas y Eva Illouz. La psicología positiva enseña a la gente que el secreto de la felicidad reside en «el poder de las personas para convertir la adversidad en una oportunidad de crecer y triunfar»[4], de tal manera que es el sujeto el único responsable de su éxito o fracaso, independientemente del contexto social, cultural o económico en el que vive. Esta concepción legitima la idea de que no hay problemas estructurales, como pueden ser los económicos o sociales, sino solo deficiencias psicológicas individuales[5]. Por tanto, la felicidad como el sufrimiento son decisiones personales que dependen de uno mismo, por lo que «no solo estamos obligados a ser felices, sino a sentirnos culpables por no ser capaces de superar el sufrimiento y de sobreponernos a las dificultades»[6]. Todo está sometido a la voluntad del individuo y se omite todo aquello que puede afectar o influir externamente. Por eso, la resiliencia es un valor estimable en la actualidad, porque no es otra cosa que la superación individual de la adversidad, sea esta cual sea, dejando vía libre a que determinadas empresas e instituciones públicas tengan un mayor control sobre qué condiciones laborales, sociales o económicas debe tener un trabajador o ciudadano.

Muchos tenemos el síndrome del «hombre de negocios», potenciado, además, por las redes sociales. En todas partes, debemos aparentar confianza y seguridad, mostrarnos convincentes, como si estuviéramos tratando de vender un producto a un potencial cliente. Hemos de ser constantemente carismáticos, agradar a todo aquel que nos encontremos por nuestro camino y ocultar nuestras debilidades, inquietudes o inseguridades. Todo debe estar bajo nuestro control. Esta mentalidad, aunque es eficiente en el trabajo o en el ámbito público, no lo es en absoluto en nues-

---

[4] Edgar Cabanas y Eva Illouz, *Happycracia, Cómo la ciencia y la industria de la felicidad controlan nuestras vidas* (Paidós, Barcelona 2021), 15.

[5] Ibid., 19.

[6] Ibid., 21.

tra vida privada, con nuestra pareja, amigos o familia. Estamos
rotos porque no reconocemos nuestra fragilidad, vendiendo una
imagen distorsionada de nosotros mismos. Por eso, también los
jóvenes sufren las consecuencias de tener unas relaciones muy
superficiales. Si continuamente hemos de vendernos al otro, nos
estamos engañando a nosotros mismos. Si yo, por ejemplo, tengo
que venderle constantemente a mi mujer una versión de mí, no
habrá una sólida base para que el amor prospere. Mi mujer debe
saber perfectamente cómo soy, con mis fracasos y defectos. Es
necesario, en este sentido, reconocerse también en nuestras debilidades y percibir la necesidad que tenemos de los otros.

Uno de los males de nuestra época, como consecuencia de la
dinámica de este síndrome del hombre de negocios, es la proliferación de la envidia. Como no todo el mundo tiene las cualidades
del hombre de negocios –no todos son atractivos o carismáticos,
o tienen la facilidad para hablar en público–, fácilmente surge la
experiencia de que yo no tengo ni tendré lo que otros casi de forma innata sí tienen. De ahí que estemos constantemente compa-
rándonos con el de al lado y llenos de una profunda insatisfacción.
Ya advertía Bertrand Russell, en *La Conquista de la Felicidad*, que:

> el que tiene doble salario que yo está seguramente disgus-
> tado, pensando que alguien tiene dos veces más que él, y así
> sucesivamente. Si deseamos la gloria, podemos envidiar a Na-
> poleón, pero Napoleón envidiaba a César, César a Alejandro, y
> Alejandro probablemente a Hércules, que no ha existido nunca.
> Podremos librarnos de la envidia gozando los placeres que se
> nos presentan, haciendo nuestro trabajo y evitando compara-

ciones con personas que, tal vez equivocadamente, suponemos que son más felices que nosotros[7].

Es necesario, por tanto, reconocer nuestra condición vulnerable, entender la libertad como codependencia y no como autorrealización. Esta última es una ilusión, porque no se puede ser libre sin vinculación con los demás. Mi libertad no acaba donde empieza la del otro, como a menudo decimos, porque eso significa concebir al otro como límite, es decir, como obstáculo, y, por tanto, sin posibilidad de un verdadero encuentro. Solo es libre quien sabe quién es, y para ello es indispensable abrirse a la herencia de quienes nos precedieron y al influjo de nuestros coetáneos. Vivir es, en el fondo, coexistir, dice Esquirol. Convivir no es poner límites al despliegue del yo, es decir, ser libre a pesar de los otros, sino ser libre con los otros.

Emmanuel Levinás, uno de los filósofos más relevantes del siglo XX, ha sido uno de los pensadores que mejor han comprendido al hombre como «ser respuesta al otro». A pesar de que su obra es confusa y difícil de leer, su filosofía constituye un punto de inflexión al individualismo con el que estamos familiarizados. Para Levinás, el otro es todo aquello que se nos escapa, que no deja conceptualizarse ni instrumentalizarse. La naturaleza, por ejemplo, es violentada cuando es explotada, cuando se concibe exclusivamente para fines utilitaristas. Lo mismo ocurre con los animales y, especialmente, con las personas. En este último caso, Levinás identifica el fenómeno de la alteridad en el rostro del otro. Es en el rostro donde se percibe ese carácter especial y único de la persona. El rostro es quizá el lugar más pequeño

---

[7] Bertrand Russell, *La conquista de la felicidad* (Espasa-Calpe, Madrid 1991), 94.

del universo que puede expresar mayor profundidad. Es el lugar más expresivo, la riqueza concentrada. Una mano, un pie nos puede decir mucho, pero no es equiparable al rostro. Es, como dice Levinás, el lugar de encuentro entre dos personas, que se demandan respeto y cariño. Por eso, es tan difícil mirar a los ojos a un vagabundo, justamente porque tropezamos con su mirada suplicante y no queremos dar lugar a ese encuentro incómodo. El rostro es un Absoluto.

Levinás entiende que ser sujeto, en el fondo, es estar sujeto por otros, es decir, yo no soy sujeto sin los otros, porque son ellos quienes me sujetan y me constituyen como sujeto. Ser humano, como decíamos, es ser dependiente, vulnerable. El ser humano es un «yo» a través de un tú, y solo en esta relación encuentra su explicación. Los griegos entendieron que lo propiamente humano era el logos, la racionalidad; los filósofos modernos, la autonomía y la libertad. Sin embargo, si la razón de lo humano es la relación, lo propio es la vulnerabilidad; es decir, la exposición; tomar conciencia de que son los otros quienes me sustentan y me hacen ser. Depender de los otros es tomar conciencia de que la vida escapa a mi control, de que el mundo no puede apropiarse y de que los otros constituyen una alteridad absoluta, una intimidad infranqueable, un misterio irresoluble. Por tanto, esta condición vulnerable indica que el ser humano es «ser respuesta» a lo que recibe y, al mismo tiempo, responder a la vulnerabilidad y cuidar de los demás. Gregorio Luri, en su libro *En busca del tiempo en que vivimos*, cita una anécdota de la antropóloga Margaret Mead que explica muy ilustrativamente los primeros pasos de la humanidad. En una ocasión, una de las estudiantes de Margaret le preguntó cuál era el primer rasgo distintivo de una cultura humana. Ella le contestó que el primer signo nos lo proporciona el fémur roto y curado de una persona. Ningún animal sobrevive con el fémur roto el tiempo suficiente para sanar. Un fémur curado es la prueba de que alguien consideró prioritario cuidar del herido, aunque objetivamente pudiera ser un lastre para el grupo[8]. La humanidad nació con el cuidado a los demás.

A lo largo de la historia de la filosofía, ha primado la identidad, aquello que es puesto en común en el mundo –el Ser–, olvidando en muchas ocasiones el valor de la alteridad. Los jóvenes nos resistimos a mirar el mundo y al otro como misterio, porque tenemos la convicción de que la ciencia, tarde o temprano, ofrecerá una explicación de lo otro. Por eso, el mundo ha dejado de mostrar interés, ha dejado de asombrarnos. La palabra asombro, escribe Josep María Esquirol, «indica algo así como entrar en una zona de sombra […]. Me hallo en la sombra, es decir, la sombra cae sobre mí». Hay algo por encima de mí que «me sorprende y me asombra»[9]. Desafortunadamente, muchos vivimos en una profunda apatía que busca recluirse en el consumo o en la fascinación que ofrece el mundo digital, creyendo que el de verdad, el que está ahí afuera, no tiene nada que ofrecer.

Hemos dejado de ver el mundo como un milagro. Hoy, afortunadamente, podemos cruzar el océano Atlántico en cuestión de horas sin muchos imprevistos, pero, desgraciadamente, no miramos por la ventana. Hasta el siglo XX, las expediciones por el mundo eran verdaderas hazañas, viajes hacia lo desconocido e inexplorado; el mundo era un lugar inmenso y arriesgado. En cambio, nuestra época ha convertido la naturaleza en un jardín de

---

[8] Gregorio Luri, *En busca del tiempo en que vivimos* (Deusto, Barcelona 2023), 156.

[9] Josep María Esquirol, *Humano, más humano, Una antropología de la herida infinita* (Acantilado, Barcelona 2021), 77.

desconexión, para descansar, hacer deporte y respirar aire puro. Conozco pocos jóvenes que vayan a la naturaleza con el único fin de contemplarla y conocerla mejor. Hemos olvidado que la naturaleza es, ante todo, un milagro que nos sobrepasa. Cuanto más tecnificamos el mundo, más difícil es apreciar su carácter sobrenatural, más difícil es apreciar la influencia que tiene sobre mí y no al revés. Los montañeros sabemos que no es lo mismo subir una montaña en teleférico que andando, precisamente porque la subida sin esfuerzo físico no nos deja ver el mundo en su medida. Una de las experiencias que mejor nos sitúan en el mundo es ver las estrellas en la naturaleza. Uno se asombra y se siente pequeño, atrapado por la inmensidad, la distancia de vértigo que nos separa de esos puntos rutilantes, la oscuridad envolvente de la noche. Como hemos ido viendo, afectado por la alteridad incontrolable. El yo tocado, afectado por lo otro, precede al yo que actúa y despliega. En definitiva, sentirse poca cosa, sentirse frágil y dependiente de lo otro; esta es la condición de posibilidad del florecimiento humano.

4.

VIVE EL PASADO Y EL FUTURO,
NO EL PRESENTE

Todo ser humano irrumpe en una historia. También en la Historia, pero lo que aquí nos interesa es la historia concreta de cada uno; el rostro y no la humanidad. Lejos de un sujeto individual y autónomo, el que aquí nos referimos es interpersonal –somos parte de la historia de otros– y temporal –el pasado es indispensable para entender el presente y el futuro.

En mi caso, llegué al mundo de la mano de un padre catalán, procedente de una familia humilde y trabajadora de Hospitalet de Llobregat. Mi abuelo era mecánico y mi abuela hacía de todo: desde la contabilidad del pequeño negocio hasta las faenas del hogar. Vivieron toda su vida en una casa de 60 metros cuadrados, en la misma casa y en la misma cama donde nació mi padre. No necesitaron más, y fueron muy felices. Mi madre es de la otra punta de España, de Canarias, en concreto, de un pueblo situado al norte de Tenerife, Icod de los Vinos, acariciado por los vientos alisios y bautizado por unos barrancos de vértigo, cortados por unas terrazas en las que se apiñan las plataneras. Mi abuelo fue muchas cosas: cirujano, teólogo, político... Le hubiera gustado ser un intelectual respetado, pero lo que realmente quería era ser escuchado en un pueblo de pescadores y agricultores donde el estudio y los altos vuelos pasaban desapercibidos. Se dice que uno es hijo de su tiempo, pero él no era ni de su época ni del lugar en el que nació. Su problema es que soñaba demasiado alto, a lo grande, para el pequeño y modesto pueblo en el que vivía. Diagnosticado de bipolaridad, estuvo enfermo gran parte de su vida. Mi abuela fue una heroína en silencio, el pilar de una familia de siete hijos, que soportaba la enfermedad de su marido –sus delirios, depresiones y euforias– lo mejor que pudo. Lo que más admiro de ella es su tenacidad para hacer frente a la adversidad, de comprometerse dolorosamente con la persona con la que una vez se unió para toda la vida.

Siempre me gustó preguntarles a mis abuelos cómo eran sus vidas cuando eran niños, quiénes eran sus padres, cómo se enamoraron de abuelo o abuela, cómo era aquella época en la que solo había dos canales de televisión en blanco y negro, se viajaba sin aire acondicionado en el coche, gobernaba un señor llamado Franco y se cantaba a Raphael y Concha Velasco. Disfrutaba mucho de esas conversaciones porque el pasado que ellos llevaban consigo es también mi pasado, mi historia y, por tanto, mi presente y mi futuro; porque aquel mundo que guardaban en su interior ya había desaparecido y no había mejor manera que adentrarse en él a través de la oralidad, de la herencia encarnada. Entender la historia no a través de un libro, sino de una fuente viva que ha hecho suyo el pasado. Disfrutaba porque los veía deleitarse en las historias que contaban. Supongo que, cuando llega la vejez, la memoria se convierte en un agradable refugio. Para bien o para mal, la nostalgia es un arma contra el inexorable paso del tiempo y el declive de la vida. Disfrutaba porque ellos cuentan las historias de una forma distinta a nuestro tiempo; se fijan y aportan más detalles, describen una situación con muchos más matices; y disfrutaba por el simple hecho de conversar, porque es la mejor forma que tienen los abuelos y los nietos de compartir y encontrarse.

Nuestra vida adquiere sentido cuando conocemos la historia en la que estamos inmersos. Somos seres narrativos o, mejor dicho, seres narrados. Necesitamos del pasado, porque solo a través de él podemos comprendernos; solo a través de él tomamos conciencia de que el inicio de nuestra historia no es una decisión con la que nos autorrealizamos, sino que la primera página ya está contada; su principio ya está escrito. Esta realidad de dependencia y relación con los otros no solo se produce entre personas: entre el padre y el hijo o el abuelo y el nieto. También entre los mundos que ambos cohabitan: los objetos, los paisajes, los pueblos…

Mi abuelo por parte de padre falleció antes de que yo cumpliera un año. Una de sus últimas fotos se la hizo conmigo, cogiéndome en sus brazos. Cuando la *iaia* murió 25 años más tarde, aquella casa de 60 metros cuadrados dejó de ser lo que era. Se sentía un vacío desgarrador. El mundo que ellos vivieron y nos contaron –la granja en la que se crio la *iaia*, los periodos de hambruna que padeció mi abuelo después de la guerra civil, la casita que compraron cerca de la Costa Brava después de trabajar como burros, el Audi de mi abuelo, la Cataluña de los años 60– se desvaneció.

Sin embargo, curiosamente, ellos seguían presentes. Miguel D'Ors resumió muy bien esta experiencia: «Te fuiste, pero qué manera de quedarte». Sus gestos y caricias permanecían allí, en las fotos enmarcadas del salón, en cada uno de los imanes de la nevera que compraban cuando se iban de viaje, en las fichas del dominó y en los dados del parchís, en las almohadas o en sus colonias y ropas. Cuatro meses después de la muerte de mi abuelo materno, su habitación seguía oliendo a él. Marta D. Riezu repara en un precioso ejemplo sobre la ropa y su poder evocador: «Cuando alguien lleva un atuendo elegido por instinto y sin pretensión alguna, la ropa se disuelve hasta hacerse invisible. Solo vemos a la persona siendo ella. Al desvestirse y dejar sus cosas encima de la cama, la ropa seguirá teniendo su espíritu, su intención y su filosofía de vida. La persona seguirá estando ahí». Y pone el ejemplo que justamente pensé cuando leía estas líneas, la bata de mi abuela: «En la penumbra del dormitorio de mis abuelos, la bata de flores que descansaba en la silla era un compendio íntimo de mi abuela: contenía sus gestos, sus formas, su lugar en el barrio y su tarde frente a la tele»[10].

Arraigo es vinculación con los otros, pero también con los objetos, que nos evocan recuerdos, gestos e intenciones. La vida es relación, y allí por donde va el hombre va impregnando su olor humanizador. Riezu describe que «en casa de nuestros abuelos es raro que un mueble parezca fuera de lugar, forzado. La mecedora, el cojín o el taburete llevan tantos años adaptándose a esa realidad colindante que han creado un camuflaje afín con el ambiente. No hay competencia, sino coexistencia»[11]. Los objetos materiales no pueden explicarse simplemente por su materialidad, porque todo lo que toca el ser humano es elevado al mundo del

---

[10] Marta D. Riezu, *Agua y Jabón* (Anagrama, Barcelona 2022), 28.
[11] Ibid., 65.

hombre y a las categorías existenciales. La bata de mi abuela no es solo una bata, sino su bata, y porta consigo una realidad inmaterial y profunda que no puede negarse. Ahora bien, para que los objetos adquieran densidad humana, es necesaria la vinculación y el arraigo. El objeto nuevo frente al escaparate no nos dice nada precisamente porque no tiene historia, porque nadie ha puesto sobre él un mundo simbólico. Un reloj en venta es simplemente un reloj, pero todo objeto deja de ser lo que es cuando entra en la vida de alguien. El reloj del salón de la casa de mis abuelos era un simple reloj cuando lo compraron, pero ahora arrastra su historia, sus ritmos, su vida. Gracias a él, a su tic-tac, mis abuelos siguen presentes. Nuestro mundo adquiere significatividad justamente en la relación, no en la autonomía; en el estar sujeto por los otros –personas, objetos o paisajes.

Mis abuelos permanecen en la memoria de la familia, siguen presentes en su hogar, en el barrio en el que vivieron e incluso en la Barcelona moderna de hoy. Porque allí siguen Las Ramblas, el Arco de Triunfo y el Parque de la Ciudadela, el Mercado de la Boquería, la estación de Sants o la Sagrada Familia. No es posible vivir sin la presencia de las huellas de otros.

En el paso del tiempo también se manifiesta nuestra condición vulnerable. El mundo cambia de forma constante y no hay nada que podamos hacer. No hay forma de volver a atrás, no es posible meter el mundo en una conserva. Nos sentimos vulnerables en la nostalgia, nos sentimos frágiles por el porvenir, que siempre es incierto y desconocido, y tenemos miedo de que el mundo que conocemos se esfume para siempre.

El paso del tiempo puede ser desolador si no hay pasado que conservar, pero, afortunadamente, cobra sentido y se enriquece en la memoria, en el hombre genealógico que se comprende a sí mismo como sujeto interpersonal y temporal. Habitar es, ante todo, preservar el pasado y tener fe en el futuro. Nos sentimos vulnerables ante el paso del tiempo, pero es justamente el reconocimiento de esta vulnerabilidad lo que nos permite dar un sentido al tiempo.

Nos han repetido una y otra vez que tenemos que vivir el presente, desligarnos del tiempo que nos roba la vida. Este discurso es engañoso y destructivo, precisamente porque nos dejan en una situación precaria para afrontar la temporalidad, una temporalidad que sin memoria ni futuro nos arrolla sin sentido. Tratar de vivir el presente es querer dominar el tiempo, eliminar el influjo del mismo, encasillar y dividir el pasado del presente y este, del futuro. Es, en definitiva, no reconocer la vulnerabilidad que experimentamos con el paso del tiempo. Fabrice Hadjadj, en su libro *Tenga usted éxito en su muerte*, explica con gran ingenio el peligro de negar la temporalidad para abrazar exclusivamente el presente: «Si comienzo a disociar lógicamente el pasado, el presente y el porvenir, ya no queda nada. Porque el pasado ya no es; el porvenir todavía no es; en cuanto al presente, más huidizo que el agua en un colador, basta que hable acerca de él para que haya pasado y otro presente que llega desde el porvenir». Hadjadj cita a san Agustín, quien supo ver con claridad que:

> ni las cosas pasadas existen ni las futuras, ni se dice con propiedad que los tiempos son tres: pasado, presente y futuro; sino tal vez sería propio decir presente de lo pasado, presente de lo presente y presente de lo futuro. Porque estas tres cosas existen en el alma, y fuera de ella no las veo: memoria presente

de las cosas pasadas; atención presente a las cosas presentes y espera presente de las cosas futuras[12].

Lo que quiere decir san Agustín es que no hay presente sin historia ni proyectos futuros. Si yo viera, por ejemplo, las tierras de Castilla bajo la mirada exclusiva del presente, solo vería una tierra sórdida y pobre. Pero, bajo el prisma del pasado, no puedo mostrarme indiferente ante los molinos que persiguió don Quijote; la Escuela de Salamanca, pionera en el desarrollo del derecho internacional; la fe de San Miguel Bueno Mártir o las pobres gentes que habitan las historias de Delibes.

Los jóvenes vivimos afanados en el presente, en el instante que viene y se va. Es curioso cómo esta mentalidad del aquí y ahora también se respira en los hogares. Preferimos un diseño minimalista a una casa llena de «trastos». Una diferencia con nuestros abuelos es que ellos se dejaban sus ahorros en habitar la casa, en hacerla acogedora. La calidez era para ellos una cualidad intrínseca e indispensable del hogar y creían que para ello eran necesarios los objetos que arraigaban, en otro sentido, el pasado y la memoria. Tenían muebles buenos y ropa de verdad, de la que dura. Preferían dejarse el dinero en la casa que hacerse un viaje exprés a París. El piso de mi abuela es más casa por el cuadro de La caseta –así llamaba a la finca donde veraneábamos en la Costa Brava antes de que levantaran una urbanización alrededor–; la cama en la que nació mi padre y que todavía conserva o la maqueta de tren con la que jugaba de niño. Nosotros, en cambio, nos conformamos con los muebles de Ikea y los cactus, que son curiosamente las plantas que menos cuidado requieren. Hemos

---

[12] Fabrice Hadjadj, *Tenga usted éxito en su muerte* (Nuevo Inicio, Granada 2011), 63.

dejado de valorar la temporalidad y hemos creado a través del minimalismo casas sin historias, empobrecidas pero adaptables al sujeto del presente. Me llama la atención la cantidad de fotos enmarcadas que suelen guardar las personas mayores en sus casas. Se respira otro ambiente. Por mucho espacio que tenga la nube, no hay nada como un álbum físico de fotos, palpable, en manos de la corrosión del tiempo; de un tiempo mucho más significativo que la atemporalidad del *cloud*.

Solo en la relación y la conciencia de la temporalidad, nuestra vida adquiere verdadera y profunda significatividad. Ahora bien, hace falta un elemento más para que la vida adquiera sentido en esta vinculación: la cercanía. Hemos de reconocer la vulnerabilidad de nuestra limitación. No somos omnipresentes y solo podemos alojar en nuestra historia aquello que está próximo a nosotros. solo en la sed por las cosas concretas, el hombre vincula y enraíza: mi barrio, mi pueblo, la casa de mis abuelos, las mantas de mi madre, la colección de juguetes de mi padre... Como bien dice el refrán, es con el roce como nace el cariño. Una vez más, hablamos del rostro y no de la masa.

No hay afectividad en aquello que es lejano y distante. Los grandes espacios, los lugares ajenos o masificados –un aeropuerto, un rascacielos, el metro– no pueden ser acogedores, nos impiden expresar nuestra intimidad. Lo mismo ocurre con los objetos en venta –listos para estrenar, sin pasado ni futuro– o las experiencias exprés. Son instantes sin cimientos ni proyectos, que solo viven para el presente desligados del pasado y futuro.

Un ejemplo de cómo la cercanía y la proximidad de la rutina vincula y densifica nuestra vida es la historia de mi abuelo y el drago. A mi abuelo materno le apasionaba la botánica y la flora autóctona canaria, y en especial el árbol de su pueblo, el drago. Este árbol milenario es uno de los atractivos turísticos más importantes de la isla de Tenerife, pero evidentemente para mi abuelo era algo más que un reclamo para los turistas. El drago era para él un monumento vivo, un pedazo de su vida, el símbolo de su tierra y el alma de la vecindad que extiende sus raíces y abraza a todos los de su pueblo. Sería un insulto decirle a mi abuelo que el drago es solo un árbol y que lo que él pensaba y sentía sobre él es secundario. Sin embargo, no hay conocimiento sin afectividad, porque conocer no es simplemente una aprehensión intelectual, sino un acoger el mundo que nos rodea. Por tanto, no hay relación con el mundo que no sea afectiva, en la que no haya alegría, añoranza, admiración, tristeza, nostalgia… Por eso es una tontería eso que se dice de que los días son neutros y que somos nosotros quienes les ponemos etiquetas, porque no hay un conocer objetivo fuera de lo humano –eso sería, como vimos en el primer capítulo, una variante del cientificismo–. Toda forma de relacionarnos, toda relación humana, es siempre afectiva. Por mucho que queramos, no es posible conocer la supuesta neutralidad de la realidad.

Los turistas mirarán el drago como uno entre muchos. A lo sumo dirán que es un árbol especial, pero no dejará de ser para ellos un árbol. Le harán fotos, se sorprenderán de su belleza, pero no lo mirarán cada mañana al despertarse. Lo que quiero decir es que el significado del mundo equivale a preguntarse cómo vivo o habito con él. Habitar es coexistir en relación, es decir, mi abuelo no es sin el drago y me atrevería a decir que el Drago no sería lo que es sin la mirada de mi abuelo y la de tantos otros canarios. El drago no causa impresión únicamente por lo que es –no niego que haya algo de inherencia–, sino sobre todo por lo que representa: un árbol nombrado, querido, contemplado. Para que esta relación adquiera profundidad, es necesaria la proximidad, la cercanía o, lo que es lo mismo, la cotidianidad. En definitiva, una metafísica del arraigo.

Por eso, mi abuelo era vulnerable, porque su vida dependía en cierta medida del árbol que estaba enfrente de su ventana. Somos vulnerables porque el lugar en el que vivimos es frágil y, sin darnos cuenta, puede cambiar por completo en unos pocos años. Lo único que nos queda es la custodia, el cuidado de las cosas y los lugares en los que vivimos. Solo así, en la conciencia vulnerable de la temporalidad, lo viejo vive en nosotros y puede transmitirse a nuestros hijos. En un mundo que obsesionadamente busca controlar el tiempo, vivir en un eterno e ilusorio presente, en una eterna juventud, la transmisión y la custodia de la cultura, el patrimonio o la familia deja de tener valor. Sin embargo, no es posible evadir nuestra condición: estamos en manos del tiempo, vulnerables, y solo en él podemos hallar sentido.

Miguel Delibes denunció a lo largo de su vida el progresivo olvido de la vida de los pueblos en favor de la modernidad. En su discurso de ingreso a la Real Academia Española, se preguntaba: «¿Qué será de un paisaje sin hombres que en él habiten de continuo y que son los que le confieren realidad y sentido?». Y cita a Frederic Ulhman, quien en su obra *Le Nouvel Observateur* reflexiona sobre la creación de la reserva del Parque Nacional de Cevennes (Francia):

¿Qué interés tiene preservar la Naturaleza en un parque nacional si luego no se puede encontrar allí a los que, desde siempre, han vivido la intimidad de su país; si no se encuentra allí a los que saben dar su nombre a la montaña y que, al hacerlo, le dan vida? Cada vez que muere una palabra de 'patois', que desaparece un caserío solitario en pleno campo o que no hay nadie para repetir el gesto de los humildes, su vida, sus historias de caza y el mito viviente, entonces es la humanidad entera la que pierde un poco de su savia y un poco más de su sabor[13].

Para Delibes, la naturaleza contemplada, la naturaleza humanizada, es más valiosa que una desconocida y sin nombre. Cuando el escritor en sus novelas menciona el chopo del Elicio, el pozal de la culebra o los almendros del Ponciano, sabe que la naturaleza contiene un sentido y una realidad que no tendría en solitario.

En definitiva, vincular y enraizar es enriquecerse. Estrictamente, solo el hombre habita el mundo, porque solo él es capaz de custodiarlo. Habitar es, en palabras de Heidegger, cultivar y proteger. Cultivar, porque es la única manera que tenemos de convertir este mundo en nuestro hogar; proteger, porque no solo nos servimos del mundo, sino que estamos llamados a cuidarlo.

Habitar es también vivir en relación, mantener la herencia de nuestros padres y mejorarlo para nuestros hijos. Ser conscientes de que estamos bajo el influjo del tiempo, entendernos como relato e historia, no como un cúmulo de experiencias instantáneas. El libro de *Feria*, de Ana Iris Simón, ha tenido tanto éxito porque ha mostrado a los jóvenes la importancia de entendernos como seres narrativos. Antes de continuar nuestro viaje, paremos en este párrafo que Ana escribe a su hijo sobre el pueblo en el que crecerá y todas aquellas cosas que le explicará cuando se haga mayor:

> Sabía que tendría que hablarte de lo que es un pueblo y de que para el nuestro la calle es un fin en sí mismo y no un medio. Sabía que tendría que llevarte al almendro y decirte que *pa* ti

---

[13] Miguel Delibes, *El sentido del progreso desde mi obra* (Real Academia Española, Madrid 1975), 53.

era la sombra porque lo plantó el bisabuelo Vicente, que no se va a morir nunca, y que aprenderías a andar o a montar en bici con Sergio y con Diego y con Hugo entre fachadas blancas y añil. Sabía que debía enseñarte la foto de tu bisabuelo Gregorio en alguna feria, después de cerrar el puesto, con un gitano a un lado y al otro un guardia civil, los tres chato de vino en mano, y explicarte mientras la miras que eso era España y que cabía en su cartera porque siempre la llevaba ahí. Sabía que tendría que contarte que es de esa llanura parda e infinita de donde vienes, que es ese manto de esparto lo que eres y que eres también nieto de familia postal, bisnieto de campesinos y feriantes, tataranieto de cura y otro misionero que también se dejó la vida por sus ideales y que sintieras entonces que eres el heredero de una raza mítica, como de cuento popular[14].

---

[14] Ana Iris Simón, *Feria* (Círculo de Tiza, 2021), 188.

5.

¡AL FIN, EN CASA!

La vulnerabilidad requiere una apertura al otro, una confianza para que el otro entre en mí. Solo en la vulnerabilidad vemos la necesidad de los demás, la importancia de cuidarnos y dar cobijo. Una vez que reconocemos la necesidad del «nosotros» para entendernos como individuos, es importante preguntarse sobre quién es el otro. Porque el otro no es cualquiera, un desconocido al que invito a mi intimidad. No se debe confundir la apertura al otro con la exposición a la masa. Uno debe abrirse al rostro, no al conjunto; uno se desnuda ante alguien, no ante todos.

Por este motivo, la vulnerabilidad necesita protegerse de lo desconocido e indeterminado. Somos vulnerables a la intemperie, a los lugares ajenos en los que no identificamos rostros ni intimidades. De ahí la necesidad de refugiarnos, de separar lo exterior de la interioridad, en otras palabras, la necesidad de tener un lugar donde cobijarse, es decir, un hogar. El hogar no es solo protección frente a las inclemencias meteorológicas, sino también y en primer lugar protección de la intimidad; la demarcación que me separa de la intemperie, la expresión física de mi vulnerabilidad que busca protegerse. Hogar –hoguera, fogón– se refiere en su término original al lugar donde se enciende el fuego y en el que nos reunimos para protegernos de la intemperie. El fuego dio por primera vez al hombre un adentro, una intimidad. Con el inicio del fuego, prendió la luz interior del hombre y, con ella, la necesidad de custodiarla.

Habitar requiere de una habitación, de un lugar que tenemos y frecuentamos. No podemos estar siempre de paso, necesitamos familiarizarnos con el espacio, es decir, habitarlo. De ahí la importancia de echar raíces y hacerlas crecer. Como decíamos, habitar es cultivar y proteger, y por eso, la casa es donde mejor se expresa esa habitabilidad del hombre, esta relación primaria con el mundo. Cultivar lo que está enraizado y sentir la responsabilidad de cuidarlo es la única manera que tenemos de vivir humanamente. Lo contrario del hogar es el destierro, la falta de sustrato, la intemperie; el mundo indeterminado en el que todo me resulta ajeno.

No le falta razón a Rafael Alvira cuando dice que «tener casa no es puro accidente del que el hombre pueda prescindir»:

> Lo habitado es lo tenido y lo acostumbrado, y aquello en lo que me expreso. […] Por eso, la configuración del espacio arquitectónico es fundamental para encontrarse a gusto y para desarrollarse de manera humana. […] Y la casa es una de las realidades más radicalmente mías. […] Sobre quién y cómo era Felipe II nos dice más El Escorial que el retrato de Pantoja. Porque una persona expresa su personalidad en la configuración del medio espacial en el que vive. Se puede saber en buena parte quién es una persona al observar su casa o simplemente su armario[1].

---

[1] Rafael Alvira, *Dimensiones estéticas de la empresa,* (Cuadernos, Instituto Empresa y Humanismo, Universidad de Navarra, Número 67/ 9.

¿Cómo se construye un hogar? ¿Qué necesita un lugar para ser hogar? ¿Qué amenazas vive el hogar en la actualidad? Partamos de una palabra muy vinculada al hogar y la habitabilidad: la cotidianidad. Este movimiento existencial en desuso viene del latín *quotidianus*, que significa «todos los días». Y a nosotros, aquello que se hace todos los días aburre, es banal y una pérdida de tiempo. Cocinar, trabajar u ordenar la casa son tareas que, si pudiéramos, evitaríamos a toda costa. Como en el mito de Sísifo, la rutina es una desgracia, porque pensamos que lo cotidiano no puede ser fuente de sentido, que no nos puede ofrecer nada. Quizá a nuestros abuelos tampoco les gustaba la rutina, pero la acogían con más serenidad y se la tomaban más en serio. Siempre me llamó la atención el esmero de mi abuela en la cocina, la mesa de los domingos o la ropa doblada, perfumada y recién planchada. No sé si encontraba placer en ello –desde luego, disfrutaba cocinando–, pero tenía muy arraigado en el alma que las tareas han de hacerse lo mejor posible. Mi madre, por ejemplo, se esforzaba a menudo por poner bien la mesa. Los vasos tienen que ser iguales, las servilletas deben estar bien dobladas –los domingos han de ser de tela–, el mantel sin manchas ni arrugas, cada cubierto en su lugar correspondiente… Cuando era niño, pensaba que todas estas cosas eran convencionalismos sin importancia y, aunque hoy en día sigo poniendo desastrosamente la mesa, me doy cuenta de que, sin dejar de ser convencionalismos, tienen una importancia fundamental. Una mesa bien puesta es una lucha contra el deterioro y la dejadez, es una forma de ordenar nuestro mundo y cuidar los detalles, en definitiva, habitarlo y civilizarlo. Podríamos haber asumido otra forma de poner la mesa, pero la cuestión no está en reflexionar por qué hay que poner el plato así o asá, o cómo deben cogerse el cuchillo y el tenedor, sino en tomar conciencia de que los convencionalismos son una muestra de respeto y servicio a los otros, una forma de refugiarnos de la intemperie, que no es otra cosa que la barbarie. Si mi madre insistía tanto en este asunto, era porque estaba convencida de que entre una mesa descuidada y otra decente había una distancia insalvable.

Lo mismo ocurre con la ropa. Es puro convencionalismo, en el sentido de que podríamos vestir de una manera o de otra. Sin embargo, es una forma de ponernos de acuerdo y exigir respeto entre nosotros. La muerte de un familiar es un momento trágico y serio, no puede tomarse a la ligera, por lo que sería una falta de respeto acudir vestido de payaso o en chanclas y bañador. La rebeldía tan típica de los jóvenes frente a los convencionalismos no procede tanto del tomar conciencia de que son constructos –eso ya lo sabemos todos–, sino de la individualización de nuestra generación que no respeta la alteridad y la presencia del otro.

En resumen, hemos dejado de valorar todos estos detalles porque es preferible viajar y moverse agitadamente que avecindarse. Enraizar, que no es otra cosa que aceptar la cotidianidad, la rutina y la repetición, ha perdido su sentido. Sin embargo, sin costumbre ni convencionalismos, no hay cuidado ni respeto, no hay forma de conservar el hogar.

Los jóvenes hemos entendido que este «todos los días» es una repetición tediosa sin sentido. Lejos de verla así, señala la necesidad que tiene el hombre de volver a su punto de origen, de ordenar y conservar lo que de suyo se descompone –si no estamos pendientes de la casa, tarde o temprano se descuida–. Por eso, la repetición cotidiana es una renovación. Cuando nos duchamos o dormimos, volvemos a estar limpios y despejados, «como nuevos», solemos decir[2]. Esta vuelta al principio es precisamente el significado de habitar, de cimentar un hogar.

Estamos entusiasmados con la innovación, la inteligencia artificial, la salud, las nuevas tecnologías, el ocio, pero pocas veces ensalzamos el valor del hogar, pocas veces escuchamos de alguien que su máxima aspiración en la vida es crear un lugar acogedor en el que merezca la pena vivir. Falta cultivo, cuidado y respeto precisamente porque carecemos, cada vez más, de un hogar sólido, y me atrevería a decir que gran parte de los problemas de nuestro mundo tienen su origen en esta carencia. Qué mundo tan distinto tendríamos si la agenda política tuviera como prioridad fomentar el cuidado y el lugar en el que vivimos. Wendell Berry ya dijo que una pareja que sale adelante y cría a sus hijos de forma saludable, con perspectiva ética de la existencia, sirve al futuro mejor y con mayor firmeza que cualquier político, aunque nunca pronuncien una palabra en público.

Es evidente que el hogar y la cotidianidad presentan actualmente varias amenazas. Las más relevantes son las siguientes: la globalización, el consumo, la tecnología y la prisa. Estos fenómenos niegan correspondientemente cuatro dimensiones de la cotidianidad: la proximidad, la temporalidad, la repetición y la lentitud.

Empecemos por la globalización, un fenómeno que indiscutiblemente nos ha proporcionado enormes ventajas. Sin embargo, ha desdibujado las fronteras del hogar, creando espacios cada vez menos vinculantes. La globalización salva las distancias: lo que está próximo a mí no necesariamente es vinculante y lo que está lejos de mí no necesariamente me es indiferente.

---

[2] Higinio Marín, *Humano, todavía humano* (La Huerta Grande, Madrid 2021), 24.

La proximidad vincula cuando se tiene claro qué se comparte. Cuando el vecino solo tiene en común conmigo el lugar en el que vivo, no hay responsabilidad por construir ni conservar vínculos. Al igual que en el metro, que nadie se siente interpelado por los otros, con la exigencia de saludar a los demás, los vecinos solo son personas que coinciden en un mismo edificio, como las personas que coinciden en un mismo vagón.

Desde el punto de vista de la globalización, lo próximo no es vinculante. La idea, por ejemplo, de anteponer las naranjas valencianas a las sudafricanas es percibida con desconfianza. ¿Por qué he defender las valencianas cuando las otras son más baratas? Hemos reducido este tipo de disyuntivas a una cuestión exclusivamente económica. Sin embargo, no se trata solo de comprar naranjas, sino de conservar la vida de los pueblos que durante siglos se han mantenido gracias a esta fruta tan simbólica para los países mediterráneos.

La globalización homogeneiza de alguna manera los rostros, anula la vida local, la tradición y los modos de vida específicos de los pueblos. Con la globalización, el sentido del cuidado del hogar pierde su sentido. Ya no hay paredes ni techos que mantener. La cultura se convierte en un producto empaquetado y adaptado a los turistas, un escaparate estéril, un fósil expuesto en un museo. La consecuencia es la simplificación de la cultura y la creación de una nueva, más homogénea, donde un chino occidentalizado comparte los mismos deseos, gustos y aspiraciones que un americano. El multiculturalismo no es más que un espejismo, un eufemismo utilizado por la globalización que esconde la homogeneización de culturas, es decir, la destrucción de las mismas. La multiculturalidad es, en el fondo, una misma cultura –la occidental, por supuesto– que ofrece al capitalismo un postre muy jugoso: la oportunidad de vender fácilmente productos y estándares de forma global y masiva. Esta nueva «cultura» a la que nos referimos es la del consumo, destinada a la masa y no al rostro.

Cuando se destruye la cultura, cuando el hombre deja de recibir una tradición y expresarse a través de ella, encuentra un vacío que necesita cubrir y que en muchos casos rellenamos a través del consumo. Este fenómeno es ahora el mayor generador de «culturas» y «formas de vida». Detrás de cada producto que se vende hay un estilo, una personalidad, una manera de pensar y ver la vida. De ahí que el marketing haya adquirido la relevancia que tiene hoy en día, porque sabe perfectamente que un producto es desgraciadamente fuente de sentido para muchísima gente. Lo que nos personaliza no es nuestra historia y pasado, sino aquello que compramos y consumimos. Como apasionado del alpinismo, soy consciente de que las marcas no venden objetos, sino una vida aventurera, arriesgada y desprendida. Le hacen a uno sentirse libre cuando lo único que están haciendo es venderte unas botas de montaña. Me hacen gracia esos deportistas urbanitas emperifollados con las equipaciones más caras del mercado corriendo por el Retiro; no las necesitan, pero ellos se sienten más deportistas.

El consumismo desarraiga porque no es constructivo. Cuando nos identificamos a través del consumo, la única manera de mantener viva nuestra identidad es precisamente consumiendo. Lo que nos llena es ese instante en el que experimentamos la novedad del objeto recién comprado. Cuando ese instante desaparece, vamos en busca de otro. Afina Lluís Duch, en *Vida cotidiana y velocidad*, que «el consumo es una señal de muerte anunciada»[3]. Consumir encaja en la lógica del presente porque no se experimenta como proyecto futuro, en otras palabras, no es edificante. Por el contrario, en el mundo de lo cotidiano, justamente ocurre al revés: el objeto adquiere más valor y significatividad con el paso del tiempo. Por eso, hay cotidianidad donde hay un esfuerzo por conservar y reparar los objetos. Reparar es otra acción en desuso porque no encaja en la lógica consumista. Coincidimos mis amigos y yo en que nuestros abuelos eran unos manitas, es decir, sabían reparar un enchufe o un lavavajillas y, si no, dedicaban horas a aprender antes de llamar a un fontanero o un electricista. Ahora nos agobiamos en exceso porque algo no funciona y, en lugar de armarnos de paciencia, llamamos a alguien para que nos lo arregle. Nos cuesta mucho dedicar tiempo a reparar las cosas.

Identificarse a través del consumo es girar con la rueda del reemplazo, es decir, del instante, pero no se trata de intercambiar lo viejo por lo nuevo, sino lo acostumbrado por lo nuevo. Si mi identidad se expresa en el consumo, todo aquello a lo que me acostumbro debe tirarse a la basura. Por eso, el mercado de segunda mano es tan poco atractivo para el consumidor. Puede estar en perfecto estado, pero no es nuevo. El imperio del consumo, que no es otra cosa que la hegemonía del presente, niega la temporalidad que muestra nuestra condición vulnerable.

Señala José Tolentinto, en *Pequeña teología de la lentitud,* que:

> la sociedad de consumo, con sus ficciones y vértigos, promete satisfacerlo todo y a todos, y falazmente identifica felicidad con estar saciado. Saciados, colmados, satisfechos, do-

---

[3] Lluís Duch, *Vida cotidiana y velocidad* (Herder, Barcelona 2019), 141.

mesticados; así estamos, satisfechas nuestras necesidades en la fiesta consumista. La saciedad que se obtiene mediante el consumo es una prisión del deseo, reducido a un impulso de satisfacción inmediata. El deseo verdadero, en cambio, se identifica de forma inequívoca por una ausencia, por una insatisfacción que se convierte en principio dinámico y proyector. El deseo es literalmente insaciable porque aspira a algo que no puede poseer: el sentido. En esta línea, el deseo no se sacia, sino que se intensifica[4].

Otra de las consecuencias de la eliminación de la cultura y la identificación con el consumo es la búsqueda de experiencias: viajes, gastronomía, ocio y entretenimiento. Esta búsqueda no había sido nunca tan accesible, diversa, estimulante y consumida. Al igual que la compra de objetos, las experiencias son instantes que no construyen cimientos, que solo se prestan al presente desligado del pasado y futuro. Un viaje, por ejemplo, tiene un principio y un fin claros, y sabemos que la experiencia ha terminado cuando volvemos a la rutina. Sin embargo, la construcción de una familia o la persecución de un ideal o virtud tienen un principio, pero no un fin. Son proyectos siempre presentes y en constante desarrollo.

No quiero que se malinterprete. No se trata de demonizar el turismo, la gastronomía o cualquier expresión ociosa, sino de reducir nuestros ideales a un conjunto de experiencias que solo se adquieren pagando. Cuando llega el final de la vida, a menudo se dice que, si uno echa la vista atrás, solo se acordará de las experiencias extraordinarias, es decir, ¡de todo aquello que queda

---

[4] José Tolentinto, *Pequeña teología de la lentitud* (Fragmenta Editorial, Barcelona 2017), 64.

fuera de la cotidianidad! Sin embargo, bajo esta mirada, lo único que puede hacer uno es recordar un pasado que ya no vuelve. En cambio, los proyectos de por vida, los que requieren compromiso, esfuerzo y tenacidad, no solo se recuerdan, sino que, además, se siguen viviendo y extendiéndose en el futuro. La vejez no solo debería vivir de la nostalgia, sino del presente que poco a poco se ha ido cimentando: la familia, el hogar, la amistad…

La tercera amenaza que afecta a la cotidianidad del hogar es la tecnología. Lejos de ser una realidad neutra, ha transformado por completo nuestra forma de existir. Socialmente hemos aceptado que la tecnología no es buena o mala, sino neutra, y que todo depende de cómo la utilicemos. Sin embargo, el uso de la tecnología posee un sesgo propio, una forma muy concreta de expresarnos y relacionarnos con el mundo, una semántica que incluye conceptos asociados entre sí: eficiencia, velocidad, exactitud, predicción…

La tecnología elimina la cotidianidad en la medida en que busca automatizar lo repetitivo. En un primer momento, la técnica solo se circunscribía a la producción industrial. Sin embargo, conforme el mundo se tecnifica, ha ido conquistando otros ámbitos de la vida humana, provocando un desprecio por lo repetitivo y cotidiano. ¿Por qué hacer un día tras otro lo mismo cuando puede automatizarse? El mejor ejemplo lo tenemos en las tareas del hogar. Pensamos que este tipo de tareas no tienen nada que ofrecer, que son completamente estériles y que, por tanto, deben, cuanto antes, sustituirse por la mecanización. Además, son acciones que no están sujetas al juicio de los demás –nadie ve y a nadie le importa, salvo que tu madre viva en casa, cómo tienes la cama.

Sin embargo, el esfuerzo y cuidado que requieren, como hacer bien la cama o doblar con cuidado la ropa, nos transforman positivamente. El ser humano florece y fecunda allí donde conserva lo que de suyo se descuida o decae. Hacer la cama no atiende simplemente a la cama, es decir, al resultado, sino que además cambia al sujeto, porque la acción le hace a uno ser más cuidadoso y atento con las cosas que lo rodean. Cuando se minusvalora este esfuerzo y cuidado, se pierde el sentido de la cotidianidad. Suscribo la frase que toda madre dice a su hijo para ponerlo en su sitio: «Si quieres cambiar el mundo, empieza por hacerte la cama».

No es de extrañar que los jóvenes consideren que el liderazgo se encarna en una persona influyente y carismática, que tiene un impacto visible para todos. Sin embargo, sería conveniente dejarse de tanta parafernalia pública que solo valora la exterioridad para centrarse en la interioridad, es decir, en la conservación y cuidado del hogar. Recuperar y poner en valor los hábitos inmersos en la rutina sería una buena forma de volver a educar en virtudes y formar el carácter.

La tecnología, con su peculiar forma de relacionarse, también entra junto con el consumo en la lógica del reemplazo. Ambos se retroalimentan. Parte de una premisa: el progreso es lineal, por lo que el futuro siempre será mejor que el pasado. En este sentido, Mèlich destaca que una de las características del objeto técnico es la génesis, es decir, que nunca puede estar acabado: «Hoy en día, un televisor, por ejemplo, es el resultado de una sucesión de televisores, y ni siquiera el más moderno y perfecto, el último modelo, será el definitivo. A diferencia de una obra de arte, a la que una vez terminada ya no se le puede añadir ni suprimir nada –es más, sería indigno hacerlo–, un objeto es técnico porque ha evolucionado y, lo que es más importante, sigue evolucionando»[5]. No hay fin para la técnica y no es de extrañar que las grandes tecnológicas, conscientes de esta realidad, jueguen con las expectativas de los consumidores a través de las series numéricas: IPhone 8, IPhone 9, 10, 11, 12... Es la mejor forma de saber que el último procede del anterior y que, comparativamente, es mejor que el resto de la serie. Las empresas ya tienen tecnologías mucho más avanzadas que no sacan al mercado para jugar con esas expectativas de linealidad y mejora. Lo nuevo siempre debe dejar obsoleto lo viejo. Estamos siendo muy poco críticos con esta lógica acelerada del reemplazo y nos hemos dejado embaucar torpemente por las últimas «novedades» de objetos que dejan de ser nuevos al poco tiempo.

Estos tres aspectos –la globalización, pero principalmente la lógica del consumo y de la técnica– nos conducen a otro enemigo de la cotidianidad, la prisa. La prisa instaura una nueva cosmovisión que rompe con la tendencia pausada del mundo. Si observamos el mundo con naturalidad, caemos en la cuenta de que la prisa no existe, que todo cambia a su debido tiempo, que se trata de una experiencia exclusivamente humana y, sobre todo, moderna. Todo aquello que necesite tiempo, que se mueva con lentitud o requiera detenimiento es desplazado por la imparable y arrolladora ola de la prisa. De ahí que sea amiga de la tecnología y el consumo y enemiga de la paciencia. La prisa consiste en empezar a hacer cuando todavía no se ha acabado lo que se tenía entre manos, es decir, es una compresión de la vida. En otras palabras, no se comprime para tener más tiempo, sino para seguir haciendo más cosas. La finalidad de la prisa no es dejar espacio, sino ocuparlo con más tareas; presionar lo que ya se había opri-

---

[5] Joan-Carles Mèlich, *La fragilidad del mundo* (TusQuets, Barcelona 2021), 136-137.

mido, hacer más en el menor tiempo posible. Lluís Duch define sutilmente esta época como «un tiempo sin tiempo»[6], un tiempo en el que no hay tiempo para nada.

En este sentido, los jóvenes somos muy ingenuos si pensamos que la tecnología nos da más libertad. Justamente, por su inherente pretensión de ser veloz y eficiente, la tecnología ha provocado el efecto contrario: la saturación. El tiempo libre que deja, lo ocupa impacientemente, porque no sabe gestionarlo de otra manera. José Tolentino describe con gran acierto esta experiencia de la saturación: deseamos «en el fondo que la vida sea lo que no es: que sean más y más largas las horas del día, que la noche no se adormezca nunca, que lleguen los fines de semana para salvar la cara ante lo que queda postergado»[7]. ¡No hay tiempo que perder!, nos repetimos una y otra vez, y al decírnoslo, paradójicamente, ¡lo estamos perdiendo!

De este modo, no es que la prisa no deje cosas por hacer, sino que también las hace de otra manera. Por ejemplo, la cocina casera ha dado paso al *delivery*. Ya no cocinamos despacio y con paciencia. Las nuevas generaciones consideran que se trata de una tarea sin sabor y una pérdida de tiempo. ¿Por qué es tan atractivo el *delivery*? Porque precisamente ahorra y comprime el tiempo, porque me permite comer y ver la televisión a la vez. Al rechazar la lentitud, al desarticular trabajo y contemplación, nos hemos privado del cariño y del alma en el plato. Mi abuela era el vivo ejemplo de una cocina que impregnaba el aroma humano en la comida. Es triste imaginar un mundo sin abuelas que cocinen.

---

[6] Lluís Duch, *Vida cotidiana y velocidad* (Herder, Barcelona 2019), 13.

[7] José Tolentino, *Pequeña teología de la lentitud* (Fragmenta Editorial, Barcelona 2017), 11.

En aras de la eficiencia, hemos dejado de lado experiencias fundamentales, y deberíamos reflexionar sobre lo que estamos perdiendo y dejando de valorar. Por ejemplo, hacer la compra, mirar, buscar, tocar, preguntar, tratar con la gente. Mi abuela conocía a la frutera, a la pescadera, al carnicero. Tenían una conversación simple sobre nuevas recetas, los nietos o los precios de los alimentos, pero era un trato más humano, cercano y lleno de sentido. Por el contrario, la prisa esconde nuestra incapacidad de hacer algo significativo, con densidad, porque no se para a pensar en cómo hay que hacer las cosas, sino cuántas cosas puedo hacer en el menor tiempo posible.

La eficiencia nos ha ahorrado tiempo. Por eso estamos encantados con las plataformas digitales. Hemos interiorizado que el tiempo es oro o, como dirían los americanos, *time is money*. Sin embargo, hemos de preguntarnos hasta qué punto merece la pena ahorrar tiempo o, mejor dicho, hasta qué punto merece la pena entender el tiempo como una dicotomía entre ahorro y despilfarro. Fruto de esta comprensión, es la primera vez que hablamos de «tiempos muertos» para referirnos a aquellos momentos en los que no sabemos qué hacer o no hacemos nada. El poco tiempo libre que tenemos ya no lo dedicamos a la holgazanería, sino al ocio y al consumo. El tiempo debe estar monetizado, por lo que cualquier disfrute contemplativo no tiene sentido. Esta realidad señala también nuestra incapacidad para reposar y holgazanear.

La prisa, además, da lugar a la trivialidad, porque no da tiempo suficiente para dotar de sentido nuestras experiencias. Por eso, la prisa vacía y nos desvincula del mundo. Hay experiencias profundamente humanas, como la sobremesa, la siesta o la contemplación de la naturaleza, que no pueden estar sometidas a la velocidad. En cuanto se busca hacerlas eficientes, pierden su esencia. Hacer más cosas no sé si nos hará más infelices, pero desde luego no nos hará más felices, precisamente porque la felicidad no es amiga de la eficiencia y el ahorro.

Hemos soñado con un mundo veloz, instantáneo y sin obstáculos, que no tenga errores y que siempre responda sin imprevistos a nuestros deseos. Por culpa de la prisa, no soportamos esperar y tener paciencia, no aceptamos la distancia que hay entre el deseo y su satisfacción. Esta es otra manifestación de la vulnerabilidad: no existen fórmulas mágicas que atajen el camino. Cada cosa lleva su tiempo –adelgazar, aprender un idioma, un oficio o un deporte–. Toda espera conlleva una renuncia. No siempre lo que se desea, aquí y ahora, es conveniente, y casi siempre aguardar y perseverar son un requisito para el disfrute de las cosas; todo lo bueno cuesta. Por el contrario, la adicción obliga a satisfacer de inmediato un deseo, pero precisamente porque no se es capaz de sacrificar, no se disfruta.

El ser humano espera el autobús, el día de su cumpleaños, el perdón de un amigo, una llamada; espera a que el dolor cese, a que otros tiempos mejores lleguen... Podríamos decir, como sugiere Andrea Kölher en *El tiempo regalado,* que el ser humano es un ser en espera. Esta acción, que para nosotros resulta connatural, entra en conflicto con la dinámica de la velocidad eficiente que instaura la tecnología. Esta justamente no quiere esperar; Internet no quiere perder tiempo. Si una página no carga, solemos decir que el WIFI funciona mal, porque es incomprensible la espera mientras navegamos. En este sentido, cabe preguntarse si la inteligencia artificial sabrá esperar, si entenderá qué es la espera –conciencia de la temporalidad–, si se frustrará, como nos pasa a todos, cuando nuestros deseos no se correspondan con las expectativas que tenemos de ellos.

Quien sabe esperar toma conciencia de que el mundo no está bajo su control, de que el tiempo no puede controlarse, de que los imprevistos son inherentes a la aventura humana. Esperar es encontrarse con la alteridad, con aquello que no puede ser superado o dominado. En el fondo, no controlamos el tiempo, no podemos salir de su influjo. Nos incomoda enormemente que los trenes o los aviones se retrasen unos minutos. No les permitimos ningún imprevisto, todo –hasta las condiciones meteorológicas en medio del océano– debe ajustarse a nuestras expectativas. Quien no sabe gestionar y aceptar los imprevistos ve el mundo como un lugar que debe ser sometido y dominado. Esta mentalidad, en consecuencia, no asume la propia limitación humana.

Cuando convertimos el mundo en un lugar tecnificado, veloz y amoldado a nuestras expectativas, nos privamos de ver el mundo como es. Sin embargo, la vida no puede producirse en serie, como se fabrican salchichas en una fábrica. Todo tiene su tiempo y su espacio, y no puede acelerarse ni duplicarse. Cuando tratamos de acelerarlo, nos insensibilizamos a los detalles y apreciamos una realidad menos consistente, dando lugar a una característica propia de nuestra generación: la dispersión y la falta de cotidianeidad.

Lo contrario a la dispersión es la atención. La prisa ha provocado una crisis de la atención, precisamente porque no respeta el ritmo natural del hombre ni deja tiempo para que las cosas se muestren como son. Simone Weil, consciente de este fenómeno, creía que la clave para una relación auténtica con la realidad es la atención, un saber mirar las cosas con detenimiento: «El deseo de luz produce luz. Hay verdadero deseo cuando hay esfuerzo de atención. Es realmente la luz lo que se desea cuando cualquier otro móvil está ausente. Aunque los esfuerzos de atención fue-

sen durante años aparentemente estériles, un día, una luz exactamente proporcional a esos esfuerzos inundará el alma»[8].

Esta atención a la que se refiere Weil, que responde a una
forma muy concreta de ver el mundo, tiene una dimensión ética
fundamental, porque la ausencia de mirada conduce a la indiferencia, una experiencia muy habitual en la actualidad. Explica
con gran ingenio Josep María Esquirol, en *El respeto o la mirada
atenta*, que «ignorar al otro contrasta, precisamente, con tenerlo
en cuenta, con atenderle o considerarle»; «sin mirar, sin atender,
no solo desconozco, sino que puedo pisar»[9]. Ser indiferente es
no percatarse de la diferencia que supone la alteridad del otro.
Cuando cedo el paso, cuando doy los buenos días o socorro a alguien que pide auxilio, es porque soy consciente de lo que tengo
enfrente: el rostro que me demanda y me exige.

Respetar algo es precisamente saber mirar lo que tengo delante. Y lo que está delante no puede estar lejos y difuminado,
sino ha de ser algo cercano y concreto. Solo es posible respetar,
dice Esquirol, cuando nos acercamos cuidadosamente a una realidad concreta, como si fuéramos un niño que observa un escara-
bajo con una lupa, sin pisar y obstaculizar su camino. Sin pisar,
por otra parte, porque este movimiento de aproximación también
necesita guardar una distancia. Si nos acercamos a una persona
de forma repentina, lo más probable es que se sienta amenazada
o incómoda. De hecho, «no deja de ser significativo que la violencia coincida, precisamente, con la supresión de toda distancia».
Muy gráficamente, Esquirol pone el ejemplo del fuego, que nos
calienta y nos protege, pero si nos acercamos mucho, nos quema.

---

[8] Simone Weill, *A la espera de Dios*.

[9] Josep María Esquirol, *El respeto o la mirada atenta* (Gedisa, Barcelona
2010), 16-17.

En definitiva, el respeto «es respeto por lo concreto, pues, propiamente hablando, solo a lo concreto puedo acercarme»[10], pero hablamos siempre de un acercamiento cuidadoso, con su justa distancia –ni muy cerca ni muy lejos–. Es en este respeto por lo que tengo delante como aprecio mejor la singularidad del otro, es decir, como aprendo a ver la cosa como es.

Esta forma de mirar las cosas de cerca, con atención, solo es posible a través de la semántica del hogar –rutina, costumbre, lentitud, arraigo, proximidad, temporalidad, etc.–, que es condición de posibilidad para apreciar el mundo como es. En resumen, no la masa, sino el rostro; no la prisa, sino la lentitud; no el instante, sino la historia y la narración; la repetición frente al fenómeno extraordinario; la concreción frente a la dispersión; el arraigo frente a la globalización.

En un mundo globalizado y disperso, no es de extrañar que hagamos hincapié en lo abstracto, es decir, en aquello que se ve desde lejos. Por eso, nos detenemos más en la defensa de los derechos humanos universales que en la persona o en la adhesión a una causa social e internacional que en el contexto concreto que me interpela en mi cotidianidad. Nos sumamos a muchas causas universales, pero a veces olvidamos que el compromiso humano requiere de la concreción, del tú y del yo, del nosotros.

Esta mirada respetuosa por lo concreto es, en definitiva, saber mirar las cosas como son y, por tanto, si somos conscientes de lo que tenemos delante, sabremos qué debe y cómo debe mirarse. Podemos permanecer ciegos ante la ternura de un niño que juega en un parque, indiferentes ante un atardecer conmovedor

---

[10] Ibid., 58-59.

o indolentes ante la belleza de un cuadro, porque en el fondo no estamos apreciando lo que tenemos «ahí enfrente».

Esta sensibilidad a la que nos referimos es precisamente en lo que consiste la inteligencia. La palabra inteligencia proviene del verbo latino *intellegere*, que significa leer entre líneas. Pero más que una lectura, la inteligencia hace referencia a un saber mirar entre líneas, en ir al fondo de un asunto para sacarlo a la superficie. Por eso, toda la educación digitalizada, que tan de moda se ha puesto, está abocada al fracaso, porque lejos de enseñarnos a mirar el mundo, nos enseña a ver a través de la pantalla. Mientras escribo este párrafo, Apple ha lanzado sus nuevas Apple Vision Pro con las que piensan revolucionar la forma en la que miramos el mundo. Sin embargo, tampoco se trata de mirar más cerca ni de mirar más lejos, sino de saber mirar y saber qué debe mirarse. Como decía el filósofo francés Merleau-Ponty, «es cierto que el mundo es lo que vemos y, sin embargo, tenemos que aprender a verlo»[11].

No se trata, como piensa el "mindfulness", de concentrarse en una cosa, sino en saber mirar esa cosa. No estamos hablando aquí de la capacidad o nivel de concentración de la mente, sino en saber realmente lo que tenemos delante.

Es quizá esta mirada y sensibilidad, esta forma de entender la inteligencia, la que nos permite entender la cotidianidad, no como mera rutina, sino como una forma de habitar el mundo de forma significativa, como una repetición novedosa, en la que siempre hay algo que se repite pero que no se muestra nunca de la misma manera. Esta «repetición», la de hacer la cama todos los días, por ejemplo, es la que posibilita una realidad inmaterial

[11] M. Merleau-Ponty, *Lo visible y lo invisible.*

mucho más profunda: el hogar. La rutina conserva la casa, lo que por naturaleza, hemos dicho, se descuida. Por eso no se tiene un hogar, sino que se hace y rehace diariamente. La cotidianidad es el suelo fértil en el que germina la morada. Por el contrario, acostumbrarnos a la dispersión y a la prisa conlleva el olvido de esta realidad. Y es aquí, quizá, donde podemos hallar una respuesta acerca del gran dilema filosófico de la permanencia –la rutina– y el cambio –la novedad que brota de esa repetición–, que es, en el fondo, la primera y más importante cuestión humana.

En definitiva, el hogar es la extensión natural de la intimidad humana, una realidad irrenunciable, un arma contra la intemperie y el sinsentido. El destierro es uno de los peores castigos para el hombre, la ausencia de lumbre y cobijo. Por el contrario, me gusta imaginar el cielo como un lugar donde todos caben alrededor del fuego. Esquirol afina cuando escribe que, más que la mesa de madera, que en teoría es más longeva que nuestras cortas vidas, lo que en verdad dura más es:

> el gesto de compartir. Nada dura más que la repetición cotidiana […]. No es la mesa, sino nuestro brazo que en ella se apoya una y otra vez, y nuestras manos que una y otra vez parten el pan y pasan la sal. Compartir mesa es compartir la comida, pero esta va más allá de la función fisiológica de comer. En la mesa, los comensales también se alimentan de gestos y palabras. La comida tiene un riquísimo sentido simbólico. No es casual que, en el cristianismo, el símbolo supremo sea el de la eucaristía, la cena ritual para rememorar la acción de Cristo[12].

---

[12] Josep María Esquirol, *La resistencia íntima* (Acantilado, Barcelona 2017), 65.

Quizá el cielo sea un viaje de vuelta, un regreso a casa. Esa sensación que uno experimenta después de un largo viaje. Cansado, con las pesadas maletas en la puerta, coge sus llaves y abre la puerta. Y al fin suspira, porque todo vuelve a ser como antes, todo sigue en su sitio, y reconoce el olor del espacio que había olvidado al tenerlo siempre presente. Y decimos felices: «Al fin, en casa».

Cierro el capítulo con *Resurrección,* de Vladimir Holan, uno de los poemas que mejor expresan esta sensación que pone de manifiesto la fuerza del hogar y el profundo sentido de la cotidianeidad.

¿Que después de esta vida tengas que despertarnos un día

aquí al estruendo terrible de trompetas y clarines?

Perdona, Dios, pero me consuelo

pensando que el principio de nuestra resurrección,

la de todos los difuntos,

lo anunciará el simple canto de un gallo…

Entonces nos quedaremos aún tendidos un momento…

La primera en levantarse

será mamá… La oiremos

encender silenciosamente el fuego,

poner silenciosamente el agua sobre el fogón

y coger con sigilo del armario el molinillo de café.

Estaremos de nuevo en casa[13].

---

[13] Vladimir Holan, *Dolor* (Hiperión Madrid, 1986).

6.

LA PATRIA, UN HOGAR TAMBIÉN VULNERABLE

El hogar es lo tenido, lo acostumbrado, el lugar en el que estamos arraigados y vinculados con el mundo; al mismo tiempo, es el espacio que nos protege de la intemperie y de todo aquello que nos es ajeno. Ahora bien, el hogar no solo se circunscribe a la esfera de la vida privada que ocupa la familia y los amigos más íntimos, sino también al espacio social y común que se comparte con otros. Solo un nosotros más amplio, una comunidad que comparta bienes y una misma visión de la vida, posibilita la existencia de un hogar familiar. Habitar el mundo es habitar en sociedad, porque uno no nace en la intemperie, sino en un espacio habitado por nuestros predecesores. Un espacio que poco a poco se ha ido configurando con los sedimentos del pasado, el peso de la tradición, la cultura y la historia. La transformación de la intemperie en hogar es un proceso lento que requiere el cultivo y el arraigo de generaciones.

No es posible nacer y crecer al margen de lo social –por social me refiero también a la cultura y la tradición de una determinada comunidad–. No solo se es huérfano por la ausencia de los padres, también por la ausencia de la patria, que etimológicamente hace referencia justamente a lo primero, la tierra de los padres, la comunidad en la que nacemos, nos educamos y convivimos. Sin tradición y cultura, no es posible vivir en el mundo. Propiamente, no se tiene cultura, sino que uno es a partir de ella, es decir, la cultura no puede separarse de la personalidad y el carácter de uno. Bellamy se pregunta: «¿Qué seríamos nosotros sin la cultura que hemos recibido, sin ese conjunto de símbolos, representaciones, textos y saberes que nos han sido transmitidos y que no cesan cada día de madurar en nosotros?»[1].

Sin cultura, no es posible vivir en el mundo, ni siquiera es posible interpretar la realidad ni conocerla. Sin nuestra lengua materna, por ejemplo, estaríamos desprovistos de la materia primera para señalar, discernir y conocer la realidad. Todo nos resultaría ajeno e indiferente, un paisaje homogéneo, es decir, intemperie. Por el contrario, cuanto más conocemos nuestra lengua y el significado de sus palabras, mejor podemos conocer lo que nos rodea y mejor nos entendemos a nosotros mismos. La pretensión de conocer el mundo de forma directa, al margen de la tradición, es un intento fallido, porque solo a través de ella podemos nombrar y definir las cosas. El mundo no se muestra inmediatamente, en la intemperie, no es posible conocerlo en ese estado, porque el ser humano no puede vivir en él. Todo cuanto se muestra es iluminado por el peso del pasado, de la cultura y la tradición en la que estamos inmersos.

Los jóvenes sospechamos del pasado, y la sociedad cada vez nos da menos medios para conocerlo. Creemos que el pasado

---

[1] François-Xavier Bellamy, *Los desheredados* (Ediciones Encuentro, Madrid 2018), 93.

está para criticarlo, para desentrañar los prejuicios y las fuerzas subyacentes que han dominado la historia. Esta sospecha lleva inevitablemente a la deconstrucción de la cultura, precisamente porque creemos que es un mero artificio impuesto. Y, aunque pueda ser así, nos olvidamos de que solo a través de este constructo es como podemos conocer lo que nos rodea, solo a través de la mediación de la cultura –y no sin ella– es como conocemos la realidad.

Si del pasado no podemos extraer nada fecundo, no hay motivo para conocerlo y, como consecuencia, no mostraremos interés por él. No hace mucho, tuve un encuentro que ilustra muy bien lo que quiero decir. Un chico joven, adolescente, me dijo que no conocía la historia del pecado original, que no sabía quiénes eran Adán y Eva. Y pensé en cómo este chico iba a interpretar o saber mirar *La creación de Adán* de Miguel Ángel, *La caída del hombre* de Rubens o *El jardín de las delicias* de El Bosco. Los cuadros son creaciones, sí, pero también reflejan parte de lo que somos, nos ayudan a entender mejor la realidad o la naturaleza del ser humano.

Deconstruimos el pasado porque creemos que nos liberará del peso del pasado, convencidos de que hallaremos un conocimiento más limpio y descontaminado, uno más objetivo y universal que permita trascender la cultura. Lo curioso de este fenómeno es que solo es posible criticar y rechazar la tradición cuando estamos inmersos en ella. Paradójicamente, la crítica moderna al pasado ha sido posible gracias a ella.

En definitiva, sin tradición, sin una patria que nos sustente y nos permita crecer, no es posible desarrollar una identidad y personalidad. No hay un yo ni un nosotros al margen de la cultura, y es necesario un espacio común para salvaguardarse de la intemperie.

Ahora bien, nos encontramos ante un desafío enorme, porque la patria ha adquirido en las últimas décadas una connotación enormemente negativa que nos ha distanciado de su significado y puesta en práctica. Patria se asocia a un concepto arcaico, fascista y totalitario. A menudo se confunde con el nacionalismo y se considera una teoría política excluyente y egoísta. Es curioso cómo los nacionalistas han conseguido que nos sintamos más cómodos hablando de nación. Es necesario, por tanto, volver al pasado para entender el significado originario de patria, que, como decíamos, hace referencia a la tierra de los padres, al legado de nuestros antecesores. No es posible hablar de hogar ni cotidianidad si no tenemos un suelo y una tierra que nos sustente. Solo a través de la patria, de un pasado que en cierta medida nos explica y nos precede –recordemos que somos seres narrados–, es posible construir la intimidad de un hogar, de seguir habitando lo que otros cultivaron.

Para comprender lo que la patria fue y cómo se ha transformado su significado a lo largo de los últimos tres siglos, es necesario entender el liberalismo, que es el sistema político actual. Esta teoría política nace en el siglo XVIII con un principio fundamental: el hombre no es social por naturaleza. Antes de toda constitución social, existen hombres individuales que viven aisladamente –veremos en el próximo capítulo cómo ha influido esta perspectiva en el deseo tan actual de volver a la naturaleza–. Estos hombres aislados están ya dotados de una identidad, es decir, no han requerido de un pasado común para entenderse, ya son libres y plenamente humanos al margen de lo social. Estos individuos apenas tienen medios suficientes para preservar lo que es suyo y son conscientes de la inseguridad que supone un lugar sin leyes ni normas, porque, en este estado natural, cualquier hombre podría arrebatar lo que le pertenece al otro. Por este motivo, para salvaguardar lo que es propio, deciden establecer un Estado, un contrato social que lo que busca no son bienes comunes, sino garantizar aquello que ya está en posición de cada individuo. El Estado es un medio para preservar lo dado y su función es proteger al individuo de las intromisiones injustificadas de los demás. En este contrato, no hay un nosotros, sino un pacto entre individuos.

De esto se desprende que el hombre no necesita de los demás para ser libre. El Estado no le suma libertad, solo protege la que ya tiene. La libertad la tenemos al margen de lo que recibimos. De esta manera, la tradición no es necesaria para llegar a ser plenamente humanos, no es indispensable para madurar y ser libres. Antes de la vinculación con los otros, yo ya soy yo, yo ya tengo una identidad: libertad, derechos, plenitud…

Por el contrario, el patriotismo entiende que solo a través del legado de un nosotros, de un pasado común, somos capaces de forjar un carácter y una personalidad. Dependemos de los otros para configurar un yo. Como decíamos, no hay un yo sin un nosotros, no hay un yo desvinculado de la comunidad. El patriotismo expone nuestra condición vulnerable: primero, porque requiere apertura y reconocimiento del otro; segundo, porque exige conservar lo que tenemos, cuidar lo que hemos recibido.

Esta visión nos permite entender la herencia que recibo como un regalo, como un patrimonio que me han dado gratuitamente. De este don tan positivo e indispensable nace el deseo de conservar la patria y hacerla crecer. El amor por la comunidad es fruto, en primer lugar, del deseo de agradecer y corresponder a la patria –que es origen de mí– todo lo que he recibido de ella. El hecho de que mis padres me hayan concebido contiene el carácter de deuda impagable, ya que no es posible devolverles lo que me han dado, es decir, la vida. En este sentido, para que haya patriotismo, debo considerar la vida como algo bueno; que aquello que recibo es positivo. Puede que los padres no lo hayan hecho del todo bien, pero, o considero un bien estar vivo o no es posible experimentar la deuda que les debo. El concepto de patria incluye necesariamente una cierta bondad percibida. Ser patriota es en primera instancia ser agradecido.

No podemos llegar a ser lo que somos, desligados del espacio, la sociedad, la familia, la lengua o la cultura en la que nos envolvemos. Buena parte de lo que nos define depende de lo que hemos recibido. El patriota es quien trata de comprender y agradecer el legado de sus antepasados y busca mantener –y mejorar– su comunidad. Del agradecimiento al compromiso por preservar lo bueno que ha recibido. Esta acción de conservar y mejorar es propiamente la política, es decir, el acto de servir y preocuparse por la comunidad. Por eso, la patria implica ante todo una implicación moral. «La idea de patria –señala González Quirós– no cumple tanto una función de identificación [con un todo prepolítico liberal] como, más propiamente, un papel ético. La patria es, antes que nada, una fuente de deberes, una entidad que nos obliga»[2]. La patria acontece primariamente en la responsabilidad moral de acogerla y mejorarla, y lo que nos obliga no es el bien ajeno ni el propio particular, sino el bien común, un bien que es propio sin ser particular o exclusivo. El bien común es el bien moral –la libertad, la paz, la justicia–, que no se alcanza al

---

[2] J.L. González Quirós, *Una apología del patriotismo* (Taurus, Madrid 2002), 101.

margen de los otros, sino con los otros. Son bienes que solo se poseen en la medida en que se participa en ellos y se comparten. No se puede desear la justicia sin desear que sean justos los demás. Son bienes que se poseen y se comparten de forma simultánea. Los bienes materiales, por ejemplo, carecen de esta simultaneidad. El teléfono móvil es mío y solo puede ser mío. Los bienes morales, por el contrario, nunca son excluyentes, porque son por naturaleza difusivos. Por eso, los romanos, entre ellos Cicerón y Quintiliano, estaban convencidos de que el amor a la patria implica un respeto por las instituciones y las leyes de la comunidad, pero sobre todo, por la libertad común que posibilita la convivencia y la libertad individual.

En el segundo capítulo advertíamos de la proliferación del lenguaje de derechos en la sociedad actual. Ahora entendemos mejor este fenómeno. Si yo soy libre al margen de los otros, tengo derechos al margen de los deberes con los otros, es decir, no tengo por qué rendir cuentas a nadie. La función del Estado, por tanto, es proteger mis derechos, pero no exigirme deberes. Hacerse responsable moralmente de la comunidad no es un requisito indispensable para gozar de mis derechos.

Por otro lado, a menudo se considera erróneamente el patriotismo como un sentimiento, en concreto, como un sentimiento nostálgico e idealizado por la tierra en la que nacemos. Sin embargo, aunque la tierra de los padres es fuente de sentimientos, el patriota no es quien aprieta más fuerte su mano contra el corazón cuando escucha su himno, ni aquel que besa y jura su bandera cuantas veces sea necesario. El patriota no necesita de proclamas recargadas y de una dramatización de los sentimientos; no busca llamar la atención ni la admiración de los demás, ni tampoco rédito por ello. Se trata, en primera instancia, de una exigencia moral, de un deber cívico y racional.

Para el Estado liberal, la búsqueda del bien común carece de sentido, porque desconfía precisamente de lo que es común al nosotros. El deber moral que yo tengo respecto a mi comunidad es, en cierta medida, irrelevante. Por eso, la política moderna centra la acción en el cumplimiento de la ley. «Toda política –explica González Quirós– se ve reducida así a una cuestión de orden, de estructura, de relaciones, de cosas que hay que hacer y de cosas que hay que evitar, de manera que la moralidad del individuo singular no desempeña, ni apenas puede desempeñar, ningún papel relevante en este planteamiento»[3]. En el patriotismo, el valor moral de la acción no estriba en su legalidad, sino en su moralidad. Veámoslo con un ejemplo. Yo puedo pagar los impuestos porque tengo miedo de que me multen o porque considero que es una acción buena que ayuda a distribuir la riqueza –supongamos en este caso que el Estado lleva a cabo una gestión justa y eficaz–. El liberalismo se conforma con que uno pague los impuestos y considera irrelevante si el ciudadano los paga porque tiene miedo de ir a la cárcel o porque realmente cree que es un bien que contribuye a la comunidad. Sin embargo, todos sabemos que la intención, la disposición con que se hace, es muy distinta y que, aunque el fin –pagar impuestos– es el mismo, el resultado ético no lo es.

Para el Estado liberal, solo hay individuos que buscan su propio interés. Esta es la visión que tiene, por ejemplo, Adam Smith, uno de los grandes fundadores del liberalismo. Como yo soy al margen de los otros, el Estado se constituye para garanti-

---

[3] J.L. González Quirós, *Una apología del patriotismo* (Taurus, Madrid 2002), 91.

zar los intereses particulares. Por eso, para Smith el hombre es, en primer lugar, un ser comercial, no familiar. Por eso dirá que no es por la benevolencia del carnicero, del cervecero y del panadero por lo que podemos contar con nuestra cena, sino por su propio interés. Para Smith, el principio motor por el que nos relacionamos con los demás es de tipo económico y material, una forma de cooperar entre individuos desconocidos que no comparten unos mismos fines. Cuando un fabricante de neveras en Japón dispone los medios para que una madre de Cáceres conserve sus alimentos para dar de comer a su familia, es evidente que no le mueve el hambre de los hijos, sino su interés por vender frigoríficos. Más que una sociedad, somos un sistema en perfecto funcionamiento. Más tarde, Hayek definió este sistema como el «carácter abstracto de las normas morales en un orden extenso», y coincidía con el filósofo escocés en que los demás nos interesan en la medida en que acceden al mercado e intercambian bienes conmigo.

Creo que Smith y Hayek tienen razón en este aspecto y reconozco que es una visión muy realista de la sociedad. Sin embargo, olvidan dos cuestiones fundamentales: primero, que nuestras relaciones sociales van más allá de un intercambio comercial; es más, las primeras y más importantes relaciones no son de tipo comercial, sino familiar. Segundo, que la intencionalidad de una acción define su carácter moral, es decir, pagar impuestos porque considero que es una acción buena es mejor moralmente que pagarlos porque tengo miedo de ir a la cárcel.

Algunos dirán que Smith es realista, pero creo que más bien es conformista, porque el hombre puede –y la historia lo demuestra– crear sociedades más colaborativas y desinteresadas. Raquel Lázaro escribe, muy acertadamente, que «el hombre smithiano no aspira al heroísmo, sino a la corrección»[4]. Es decir, no exige más que lo que el hombre medio hace. Para Smith, de hecho, no existe una ayuda desinteresada e incondicional. Esta solo se da en casos excepcionales, pero no corresponden con la regla general.

> El hombre smithiano actúa atendiendo a lo justo, que es lo correcto, asequible a la mayoría de los hombres. Ese juicio solo tiene un contenido: no perjudicar al otro. Es un juicio que vacía de contenido lo bueno [...] La limitación de lo bueno a un solo aspecto, a saber, no perjudicar al otro, imposibilita o clausura de antemano la tendencia del hombre a la actualización real de la felicidad a la que aspira[5].

Partiendo de esta observación, los demás no son una obligación moral, sino legal. Hacer el bien no forma parte de lo justo, luego el omitirlo no es una injusticia moralmente hablando. Hacer el bien me es conveniente, favorable a mis intereses, pero nunca un deber, porque yo no debo nada a nadie. Como vemos, para Smith el actuar humano se mueve en función de cálculos preferenciales. Por eso dirá que el simple amor no es suficiente hasta que no apela de algún modo a su egoísmo; el hombre no da nada gratis[6]. En una relación contractual y económica es evidente que la disposición o sensibilidad moral por el otro es irrelevante. Si lo que nos vincula son los intercambios comerciales, no hay motivo para abrirse al otro, para reconocer nuestra vulnerabilidad y dependencia con los demás.

---

[4] Raquel Lázaro Cantero, *La sociedad comercial en Adam Smith. Método, moral, religión* (Eunsa, Pamplona 2022), 264.

[5] Ibid., 262-263.

[6] Ibid., 244.

Sin embargo, el hogar antecede y posibilita los intercambios comerciales. El comercio es una consecuencia de un nosotros. De hecho, hogar y economía comparten un mismo origen etimológico *(oikos)*. Personalmente, me niego a aceptar un mundo reducido a intereses y cálculos preferenciales, un mundo desamparado, en la intemperie. La semántica del hogar necesita del otro en su singularidad, de un otro con nombre y apellidos, con un rostro que nos interpela y demanda más allá del interés particular. No hay verdadero desinterés sin rostro y vinculación, sin un hogar que nos permita confiar en los demás. El hombre smithiano es un hombre de mínimos sin aspiraciones que desconfía de los otros. Vuelvo a destacar que nuestra sociedad tiene un grave problema de desconfianza, porque nos hemos convencido de que lo que mueve al ser humano es el interés, la voluntad de ser más que el resto. Smith creyó erróneamente que acoger y confiar en el otro no es realista. La bondad es demasiado débil como para transformar la dinámica del *self-interest*.

Al definir al hombre como un ser comercial antes que familiar, estableció la base para disgregar el nosotros. Cuando se destruye el hogar, solo el comercio prospera y todo es susceptible de ser mercantilizado. Hasta el propio Smith lo reconoce: «Al no tener motivos para permanecer juntos, se separan y dispersan naturalmente, según lo sugiera el interés o las inclinaciones. Pronto dejarán de ser importantes unos para otros, y en pocas generaciones no solo pierden toda preocupación mutua, sino toda memoria de su origen común y de la conexión que se entabló entre sus antepasados[7]».

---

[7] Adam Smith, *La teoría de los sentimientos morales* (Alianza Editorial, Madrid 1997), 401.

El dominio del comercio ha deshabitado el mundo. Hemos dejado de vivir en un lugar habitable y no es de extrañar que algunos hogares, especialmente aquellos muy demandados por el turismo, se hayan convertido en escaparates de consumo. El pueblo, la tierra y la cultura al servicio del comercio, que da lugar a la intemperie, a la mercantilización del hogar. Sin embargo, es la patria donde reconocemos nuestra vulnerabilidad, donde constatamos la necesidad del rostro y la singularidad; un espacio común y compartido que no está abierto a la posibilidad de instrumentalizarse ni venderse.

Nacionalismo vs patriotismo

Hemos dicho que el patriotismo se asocia actualmente a un movimiento político excluyente, una idea que está muy lejos de la realidad. Para rebatirla, vamos, en primer lugar, a distinguir el patriotismo y el nacionalismo, que muy a menudo las entendemos como dos maneras de hablar de lo mismo. El patriotismo, que hacía referencia a la responsabilidad moral que tengo con mi comunidad, se asocia actualmente a una fidelidad ciega e irracional a la nación que incita a la exclusión y es reacia a la solidaridad con otros pueblos. En España, por la singularidad de la historia del siglo XX, se ha relacionado el patriotismo con el franquismo, y se ha considerado una política autoritaria que ensalzaba una determinada identidad nacional. Sin embargo, el franquismo fue, aunque muchos no lo quieran reconocer, otra forma de nacionalismo.

Decíamos que el liberalismo considera como punto de partida el individuo, el cual es libre y poseedor de derechos antes de convivir en sociedad. Vive en un estado de naturaleza prepolítico y decide con otros individuos formar un Estado que garantice ley y seguridad. Cuando apareció el Romanticismo en el siglo

XIX, este estado natural ya no tendrá un contenido individual, sino que hará referencia a un contenido colectivo. Lo que existe previamente al contrato social no son los individuos, sino la nación. Yo llego a ser quien soy en cuanto que pertenezco a un pueblo, a un alma común; el alma del pueblo actúa, vive y late en el individuo.

Aunque tenga similitudes con el patriotismo, el nacionalismo considera que la nación no es un constructo político, sino una realidad que me configura previamente. Es una realidad preexistente e inalterable. En el patriotismo, hablamos de una herencia que recibimos y que activamente ha de mejorar y conservarse, es decir, hay una decisión política por discernir qué es lo bueno que queremos conservar y qué es lo que tenemos que dejar atrás. Sin embargo, en el nacionalismo, al ser una realidad previa a la política, no hay tal decisión, porque, hagamos lo que hagamos, la nación siempre se mantendrá inalterable. Según Prat de la Riba, padre del nacionalismo catalán:

> La nacionalidad es sociedad natural, espontánea, superior a la voluntad de los hombres, superior a la voluntad de los poderes públicos, resistente a todo género de adversidades, triunfadora de todos los obstáculos por grandes, por inmensos, por invencibles que sean: que afirmándose sobre las ondas capas de granito inconmovible, ve caer y pasar por encima de ellos imperios y civilizaciones, de siglo en siglo, sin perder su ser, sin mudar de su sustancia, siendo siempre ella misma[8].

La nación es superior a la voluntad de los hombres, una esencia inmutable que dota de identidad y ser a los individuos

---

[8] Enric Prat de la Riba, *La nacionalidad catalana* (Alianza, Madrid 1987), 121.

que habitan en ella. La nación no se crea, sino que ya existe. Por eso, sugiere Prat de la Riba que el espíritu catalán se encontraba ya presente durante el Imperio romano:

> Bajo el peso de la dominación romana, el espíritu de las viejas nacionalidades latía con fuerza, la unidad romana solo existía por encima: por dentro, la variedad de los pueblos perduraba como siempre. El imperio de Roma había tapado las almas de las naciones dominadas, pero no habían podido ahogarlas, y todas, cada una en su casa, trabajaban por infiltrarse en los elementos que le había impuesto la ciudad romana para transformarlos de acuerdo con las propias necesidades, para amoldarlos al propio carácter y al propio temperamento[9].

Lo único que pueden hacer los hombres es reconocer la nación e identificarse con ella, pero no cambiarla. La nación es indestructible y, aunque la cultura o la lengua desaparezcan, aunque las costumbres se sustituyan por las extranjeras, la nación, bajo una forma u otra, prevalece: «Caerá el derecho, enmudecerá la lengua, se borrará hasta el recuerdo de su existencia, mas por debajo de las ruinas seguirá latiendo el espíritu del pueblo, prisionero del derecho y la lengua y el poder de otro pueblo, pero luchando siempre y aguardando la hora de hacer salir otra vez a la luz del día su personalidad característica»[10].

Para el nacionalismo, cualquier influencia del exterior siempre supone una deformación forzada de la nación, la cual debe depurarse para identificarse con ella misma. Visto de otro modo,

---

[9] Enric Prat de la Riba, *La nacionalidad catalana* (Alianza, Madrid 1987), 112.

[10] Enric Prat de la Riba, *La nacionalidad catalana* (Alianza, Madrid 1987), 109.

toda acción política que discrepe de lo que el nacionalista considera que es la esencia de su nación es calificado como una traición, y, por el contrario, toda decisión política que se adapte a su discurso forma parte de la verdadera historia de esa nación.

Un ejemplo de ello se muestra en el nacionalismo vasco. En 1477, el rey Fernando el Católico fue nombrado señor de Vizcaya por la población de Guernica y juró defender los fueros del pueblo vasco. Esta voluntad de integrarse con el reino de Castilla nace del pueblo vizcaíno, el cual participó posteriormente en las grandes gestas históricas del Imperio español. La voluntad del pueblo de Vizcaya por anexionarse al reino de Castilla es un hecho que ha pasado inadvertido por el nacionalismo vasco, ya que este hecho supone una fisura en su discurso. Aunque la voluntad del pueblo de Vizcaya fuese sincera, el nacionalista siempre argumentará que, bajo esa circunstancia histórica, la voluntad política supuso una traición a la nación. En otras palabras, ellos no eran realmente vascos, porque traicionaron su esencia. Para Arana, los vascos no pueden elegir políticamente ser otra cosa, porque eso supone una traición.

La construcción histórica del nacionalismo destaca solo aquellos hechos que se identifican con la esencia de la nación y desecha toda voluntad por integrarse o colaborar con otra nación que no sea la propia. De ahí que estos desarrollos históricos compartan la inexactitud y la ambigüedad en la interpretación de los acontecimientos históricos. Afirma C. Hayes que la historia se funde con los mitos y la literatura para «maquillar» ciertos hechos, ya que la historia está al servicio de la nación y se rige en función de una dicotomía entre hechos nacionales y no nacionales.

Llegamos al meollo del asunto. Bajo la visión del nacionalismo, no se trata de cuidar y conservar lo que hemos recibido,
sino de mantener intacta una idea. Ya no se trata de cultivar, sino
de congelar, es decir, encerrar una idea en su pasado. Como ya
hemos dicho, la política nacionalista solo va encaminada a fijar y
reflejar la esencia de la nación. Es una ideología que enquista el
pasado y no mira al futuro. No hay mirada hacia delante, no hay
una deliberación común sobre el tipo de sociedad que queremos
ser. En lugar de proyección, adaptación del pasado al presente.
Por eso, el nacionalismo es desesperanzador.

La nación no es una obra humana, que cambia con el tiempo,
susceptible de deteriorarse o mejorarse; no es una decisión de
todos por ser de una determinada manera, sino una realidad que
se me impone. La patria se recibe, pero somos nosotros quienes
decidimos qué hacer con ella en el futuro. La patria toma conciencia de la temporalidad: somos vulnerables al tiempo y hemos
de conservar y proyectar el patrimonio que tenemos. El nacionalismo, en cambio, niega la temporalidad, se obceca en un pasado
supuestamente inmutable y niega nuestra capacidad de elegir.
La verdad del nacionalismo es deducible, porque es una realidad ya configurada antes de tomar cualquier decisión. No hay
futuro para el nacionalismo, no hay posibilidad de elegir, sino
simplemente adaptación e identificación con lo ya existente. Esta
manera de entender la política no se abre a la incertidumbre que
genera la temporalidad, no reconoce que la patria que construimos es frágil y que en cualquier momento puede deteriorarse, es
decir, no reconoce la vulnerabilidad de la política y las instituciones que creamos.

Ser consciente de que la patria puede cambiar, de que hemos
de responsabilizarnos de nuestro pasado y decidir con libertad

qué queremos hacer en el futuro, es aceptar nuestra condición vulnerable. Solo quien se da cuenta de la fragilidad de la política toma conciencia de la importancia de cuidarla. La responsabilidad moral con mi comunidad, es decir, el patriotismo, tiene sentido cuando me doy cuenta de su vulnerabilidad: si no la hacemos propia, si no la cuidamos activamente, todo lo que hemos recibido se desvanecerá. La condición vulnerable siempre exige cuidado y el cuidado implica hacerse cargo, es decir, responsabilizarse.

Si la patria es susceptible de cambios, si mira al futuro con vistas a mejorarla, está abierta entonces a la incorporación de elementos externos, es decir, puede incorporar ideas de otras culturas y pueblos: el patriota puede amar o desear otros elementos para su pueblo. La incorporación de bienes no es visto como una contaminación, sino como un enriquecimiento beneficioso para la comunidad. El patriotismo puede incorporar con más flexibilidad formas políticas diferentes, y los elementos negativos que arrastra el pasado pueden ser rechazados con el fin de proyectar una realidad política mejor. Por eso, la patria, a diferencia de la nación, no es una realidad que se me impone, sino una herencia de la que tengo que hacerme cargo y, en la medida de lo posible, mejorar.

La cuestión decisiva, por tanto, es qué hacemos con la patria y cómo la mejoramos, cómo la hacemos más humana, digna y justa. El nacionalismo tiende a la conservación del pasado y justifica cualquier acción presente o futura en él, mientras que el patriotismo tiende a la proyección del futuro y justifica cualquier acción en el perfeccionamiento del bien común. Ahora bien, que toda patria sea una elección no implica que el pasado y la tradición no sean decisivos para decidir qué es lo mejor para la sociedad. Precisamente como es una elección, debemos contar con la decisión que previamente hicieron nuestros antecesores y preguntarnos qué queremos hacer con ella de cara al futuro. De esta manera, como señala González Quirós, «lo que la patria puede ser depende efectivamente de lo que la patria ha sido, pero depende también de lo que hagamos con ella»[11]. Por eso, la patria se presenta como tarea humana.

La patria está abierta a otras culturas y puede incorporar elementos externos que beneficien a la sociedad. Sin embargo, sigue estando muy arraigada la idea de que el patriotismo es una teoría política excluyente y cerrada. La reconocida filósofa Martha Nussbaum considera que la familia, la religión, la historia, la cultura y la tradición son atributos accidentales del hombre que nos encontramos al nacer; «no se consideran, ni deberían ser considerados, como un factor determinante de valor moral»[12]. Recordemos lo que hemos dicho previamente de la cultura. Para Nussbaum no *se es* a partir de la cultura, sino que uno *tiene* cultura. Sin embargo, desde una perspectiva patriótica, no existen individuos autónomos, abstractos y desligados de una tradición.

Nussbaum critica que, como el amor patriótico es un amor particular, no puede existir un amor más allá de la patria, no cabe la posibilidad de un amor universal por el que todos los individuos puedan convivir, independientemente de su nacionalidad, procedencia, religión o cultura. Ahora bien, que el patriotismo no crea en la viabilidad de una comunidad universal no implica que su amor sea necesariamente excluyente. De hecho, el amor

---

[11] J.L. González Quirós, *Una apología del patriotismo* (Taurua, Madrid 2002), 35.

[12] Martha C. Nussbaum, *Los límites del patriotismo. Identidad, pertenencia y ciudadanía mundial* (Paidós, Barcelona 1999), 161.

patriótico es mucho más efectivo que un supuesto amor a la humanidad. Para poder aprender a valorar lo diferente, es necesario primero aprender a valorar lo que es nuestro. La posibilidad de un amor a una forma de libertad y de convivencia particular, a un determinado modo de existencia, puede afirmar y destacar otras formas particulares de amor. Quirós menciona la paradoja de la identidad: para poder apreciar lo ajeno, para poder apreciar lo que es distinto a nosotros, primero debemos pensarnos nosotros como diferentes; así podremos superar las distancias que nos separan respecto de otros[13]. El patriotismo –argumenta Quirós– es una forma de amor necesariamente no excluyente porque «el amor a lo propio (el deseo de excelencia para lo que me pertenece y me constituye) no me impide la admiración de lo ajeno, sino que, por el contrario, me incita a ello cuando existen motivos. La admiración de lo que otros tienen y nosotros no tenemos es una condición necesaria para poner en la realidad las bondades que nos faltan»[14]. En otras palabras, el hecho de que yo ame a mis padres no implica que no pueda admirar y reconocer la bondad de otros.

El patriotismo, más que una apropiación, reconoce sus carencias, acepta y lamenta los males heredados, y emula por medio del esfuerzo aquellos aspectos positivos que otros pueblos poseen. Por eso, el patriotismo no consiste –como a menudo se cree– en amar necesariamente aquello que nos pertenece por el hecho mismo de la pertenencia. Esta actitud se manifiesta propiamente en el nacionalismo, porque la admiración de lo propio es

---

[13] J.L. González Quirós, *Una apología del patriotismo* (Taurua, Madrid 2002), 34.

[14] J.L. González Quirós, *Una apología del patriotismo* (Taurua, Madrid 2002), 75.

incompatible con el deseo de poseer ciertas cualidades positivas de las culturas ajenas. El nacionalismo solo busca destacar sus particularidades en contraposición con lo ajeno y remarcar unas diferencias que deben definirse con claridad. Por eso, lo catalán o lo vasco solo se explica en contraposición a lo español, y viceversa. El nacionalismo siempre busca un enemigo para delimitar qué es lo propio y qué es lo ajeno.

El patriotismo comparte con el nacionalismo la estimación y el aprecio por la cultura particular, de la tradición y las costumbres del pueblo. En ambos, la comunidad es una realidad que excede al individuo y por el que este se identifica como miembro de un todo. En ambos hay una inclinación a amar lo propio, pero este amor se manifiesta de un modo muy diferente. En el patriotismo, el individuo no se identifica con una cultura e identidad ya dada, sino con una cultura e identidad que es fruto de la deliberación de los ciudadanos. Es la sociedad la que crea la cultura y las costumbres, y estas, en la medida en que son bienes, deben ser preservadas por los ciudadanos. La relación de pertenencia del ciudadano con su patria estriba en la responsabilidad moral que tiene sobre la sociedad –una relación que se origina en su devoción y agradecimiento a la comunidad–. Pero, por supuesto, tiene la libertad de cambiarla y proyectar nuevos horizontes en el futuro. Si la tradición es negativa, no solo puede, sino que debe cambiarla.

Somos sujetos vulnerables, dependientes de los otros –también de nuestros antecesores–. Quizá uno de los mayores errores de nuestra época es renegar del pasado, no porque este sea malo o bueno, sino simplemente porque cualquier vinculación con una realidad no elegida es sinónimo de esclavitud. Esa supuesta libertad de la autorrealización no es más que un vacío en soledad, que hoy en día solo es posible paliar con consumo, tecnología e inmediatez. Vivimos en la hegemonía del presente, que rechaza cualquier vinculación temporal; en la hegemonía de la desubicación, que desconfía de cualquier determinación temporal; y en la hegemonía de la rapidez, que rehúye de la lenta y paciente transmisión de la tradición, al mismo tiempo que busca reflexionar sobre ella para desechar lo que nos deshumaniza y mejorar todo aquello que nos hace más humanos.

En definitiva, el patriotismo lidia con la condición vulnerable del ser humano porque toma conciencia de que en política todo es susceptible de deteriorarse. El acuerdo es frágil y necesita renovarse. No estamos a salvo de la intemperie.

7.
LA NATURALEZA DE LO HUMANO EN EL MEDIO NATURAL

Desde que era niño, he tenido un especial apego por las montañas, especialmente en invierno, cuando están nevadas. De camino al colegio, veía la sierra de Guadarrama con las primeras luces del día acariciando las cimas heladas y me quedaba un rato contemplándolas antes de entrar a clase. Siempre me han fascinado los paisajes helados e ignotos. Estuve un tiempo obsesionado con la Antártida, el Ártico y el Himalaya. De hecho, los primeros libros que leí –no había manera de leer otros– narraban las primeras expediciones a los polos, la carrera entre Amundsen y Scott por alcanzar el Polo Sur y la conquista del Everest. Me atraían los horizontes luminosos y helados, y hoy en día me siguen seduciendo profundamente.

La primera vez que fui a la montaña tenía 16 años. Había hecho excursiones y paseos con la familia, pero nunca había organizado propiamente una ruta de montaña. Todavía la recuerdo como si fuera ayer. Era un día de febrero, muy frío, y nevaba ligeramente en la estación de Cercedilla, un pueblo de la sierra de Madrid. Había nevado aquella noche y en los árboles, las farolas y los tejados de las casas reposaba la nieve virgen, impoluta y brillante. Andar por un bosque recién nevado es como pisar otro planeta: la blancura produce una luz especial y se vuelve más amable al quedar los contornos redondeados por la nieve. Aquel día no hacía viento y el silencio era sepulcral; nada se movía, ningún pájaro cantaba y el río, congelado, no fluía. Solo se escuchaba la nieve comprimida por las botas de montaña y las exhalaciones que enseguida se esfumaban en el ambiente. Fue una ruta muy sencilla, pero en aquel momento me creía que estaba en una expedición a los montes Urales. En el ascenso, la niebla nos envolvió, los contornos de los árboles se difuminaban y todo parecía quedar sepultado bajo un blanco borroso y homogéneo. Un poco más arriba, la niebla desapareció bajo nuestros pies, el cielo se abrió y dejó ver las cimas del valle. Aquel mar de nubes me marcó.

Ante la belleza que contemplaba, me sentí pequeño. La naturaleza nos hace ser más conscientes de nuestra fragilidad y vulnerabilidad. Hoy en día tenemos la sensación de que el hombre puede soñar y hacer cualquier cosa, pero qué frágiles nos sentimos ante un mar de estrellas o la inmensidad del océano. En la naturaleza, uno toma conciencia de que el hombre es, más que un ser delimitante, un ser delimitado.

Muchas veces me pregunto por qué disfruto tanto en la montaña, incluso en soledad. Diría, en primer lugar, que la naturaleza simplifica la vida, te recuerda qué es lo primario. Hay personas que no han cultivado nunca lo que han comido, que no han probado las moras silvestres o los espárragos salvajes o que no han bebido agua de ningún manantial. Sin estas experiencias, es difícil percibir nuestra dependencia con la naturaleza. No somos conscientes muchas veces, por ejemplo, del milagro que supone abrir el grifo y tener agua limpia. Esto también nos recuerda nuestra condición vulnerable.

Es tal nuestra vinculación con la naturaleza, que las primeras palabras del mundo occidental surgieron a partir de su observación. El filólogo Pedro Olalla describe en *Palabras del Egeo. El mar, la lengua griega y los albores de la civilización* cómo las primeras palabras de Occidente nacieron de lo más primario:

> Sin duda, fue la naturaleza, con sus rumores, sus chasquidos, su luz, sus movimientos, la que dictó a los hombres las primeras palabras: primitivas partículas con voz y pensamiento, arcanas criaturas de un tiempo muy remoto, que viven aún ocultas en la lengua abisal del Egeo. *Sals… Wals… Hals…* fue probablemente el modo impreciso en que el mar resonaba al oído de los remotos moradores de estas costas; una voz que parece acusar el romper de las olas pero que lleva dentro también la idea de la luz y de lo excelso […]. La imagen de la espuma blanquiazul sobre este mar brillante y apacible se asoció desde antiguo a la leche, y, por eso, ambas se llaman gala; y la ninfa de la mar en calma, Galatea; y la leche de los senos de Hera que quedó derramada por el firmamento, Galaxia, Vía Láctea[15].

La naturaleza nos devuelve a nuestro origen, nos ayuda a mantener el sentido de las cosas primarias y a no desear ficciones estériles ni extravagantes. Uno se siente más vivo en la naturaleza precisamente porque se da cuenta de lo más primario que hay en nosotros. Esta sencillez nos sitúa y orienta, nos ayuda a

---

[15] Pedro Olalla, *Palabras del Egeo. El mar, la lengua griega y los albores de la civilización* (Acantilado, Barcelona 2022), 12-13.

conocer mejor nuestra condición vulnerable. Las sociedades de consumo basadas en la creación de nuevas necesidades a menudo olvidan lo más básico. Por eso es tan urgente volver a fijarse en ella. Ahora bien, es muy común que la concibamos como una realidad abstracta y desvinculada, como un todo global que desconoce el nombre de los árboles, y más aún ignora la variedad de arbustos, hierbas y animales. Cuando mi mujer me enseñó a llamar a cada árbol por su nombre –encina, alcornoque, fresno, abedul, olmo, enebro, castaño, nogal, haya, aliso– y diferenciarlos según su hoja o su rama, de pronto esa masa homogénea a la que llamaba bosque se transformó en una realidad más diversa, rica y consistente. Muchos jóvenes preocupados por el medioambiente no saben distinguir una encina de un alcornoque, un fresno de un sauce o un olmo de un álamo. Vivimos en una sociedad que habla constantemente de la naturaleza, pero que la desconoce profundamente.

Esta experiencia de la naturaleza, que despierta en nosotros lo más primario, no debe confundirse en absoluto con el primitivismo. Muchos amantes de la naturaleza sueñan con una ruptura, una vuelta a lo primitivo, una vida salvaje en armonía con el medio natural. El primitivismo está convencido –Rousseau fue el primero– de que la causa de los males del ser humano tiene su origen en la sociedad. Cree que el hombre es bueno por naturaleza, pero se corrompe cuando vive en comunidad. La consecuencia es una cierta desconfianza por la familia, la comunidad y las instituciones, y un deseo de vivir al margen de los demás. El primitivismo rechaza la sociedad y es por esta razón por la que es una utopía, porque, como decíamos, no es posible vivir en la intemperie; el hombre no puede vivir en la naturaleza como lo hacen el resto de seres vivos. Vivir en plena naturaleza es un espejismo. Quien dice vivir así, necesita de la técnica para sobre-vivir –el arma que protege, la canalización del agua, el huerto, el refugio–. El hombre vive transformando el medio a través de la técnica. No existe una relación pura, como la que tienen los rino-cerontes o los elefantes.

Señala Fabrice Hadjadj, en *¿Qué es la naturaleza?*, que «la fas-cinación ante la naturaleza como espectáculo encantador o cauti-vador supone siempre un cierto desarrollo de la técnica e incluso de la tecnología. Algo para ponerla a distancia o detrás de un cristal»[16]. Es decir, en pleno estado salvaje, la naturaleza es hostil y peligrosa, la amenaza es permanente y uno no está en dispo-sición de verla como un espectáculo encantador. Si el turismo de aventuras ha tenido tanto éxito a nivel mundial, es porque podemos disfrutarla sin demasiados riesgos, es decir, protegidos gracias a los medios que ofrece la técnica.

No podemos vivir en plena naturaleza como hacen el resto de seres vivos, porque no estamos hechos para ello. Nuestra pro-pia naturaleza vive en el medio natural pero, al mismo tiempo, en tensión con él. El ser humano es un animal deficitario, carece de las habilidades y cualidades necesarias para vivir en el medio natural. No tenemos pelo para protegernos, ni garras para cortar o atrapar, ni alas para volar, ni una mandíbula fuerte para tri-turar el alimento. Tampoco tenemos fuerza en comparación con otros animales, no somos rápidos ni sabemos trepar. Somos un chiste si nos comparamos en agudeza sensorial, y la lactancia y la niñez es tremendamente larga. Lo que nos define y diferencia del resto es justamente la carencia física, y si hemos llegado tan lejos, ha sido gracias a nuestro ingenio y el uso de la técnica.

---

[16] François-Xavier Putallaz y Fabrice Hadjhadj, *¿Qué es la naturaleza?* (Rialp, Madrid 2023), 88.

La indigencia que muestra el ser humano en la naturaleza nos indica una realidad: que siempre vivimos en tensión con la naturaleza, ni estamos fuera ni dentro, es decir, dependemos de ella, pero al mismo tiempo nos encontramos distanciados. No podemos vivir en la intemperie. La única manera que tenemos de vivir en el mundo es habitándolo, haciéndolo hogar, en comunidad. Creemos que el hombre puede vivir fuera de la sociedad, pero siempre necesitará de una realidad política y comunitaria. Habitar es dotar de sentido al mundo y, con ello, crear un nuevo mundo. No hay forma de vivir en el mundo sin transformarlo a través de la técnica y el sentido. Por eso no hay plena naturaleza para el hombre, como la que tienen el león o el elefante. Lo peculiar de nuestro existir es estar referido a la posibilidad de crear nuevos horizontes; creamos culturas, formas de gobierno, convencionalismos, arte… El hombre no puede vivir en la naturaleza porque por naturaleza se encuentra distanciado de ella. Si el sueño del hombre salvaje tiene tanto éxito en la actualidad, es porque se amolda a los ideales de autonomía y libertad modernas, que consideran una subyugación la dependencia de la familia y la comunidad. Karl Marx ya vio esta relación entre el capitalismo y el primitivismo:

> El cazador y el pescador aislados, esos ejemplares únicos de los que parten Adam Smith y Ricardo, forman parte de las ficciones pobremente imaginadas del siglo XVIII, de esas robinsonadas que, mal que les pese a unos historiadores de la civilización, no expresan en ningún modo una simple reacción contra excesos de refinamiento y una vuelta a lo que se figuran equivocadamente como el estado de naturaleza. El contrato social de Rousseau, que establece relaciones y lazos entre sujetos independientes por naturaleza, no se apoya tampoco sobre tal

naturalismo. No es más que la apariencia, puramente estética, de grandes y pequeñas robinsonadas[17].

En resumen, la naturaleza nos sitúa y orienta, nos descubre lo esencial y más primario que hay en nosotros: que somos frágiles, vulnerables a la intemperie. Ahora bien, no hay forma de vivir en ella, no hay forma de integrarnos, como lo hacen los animales, en el medio natural. No podemos estar plenamente dentro, porque solo vivimos habitando el mundo, haciendo hogar. Es la vulnerabilidad que experimentamos con la intemperie –mi experiencia con las montañas nevadas– la que nos abre la necesidad de refugiarnos y darnos cobijo. Qué bien sienta, después de una ruta invernal por alta montaña –con frío, viento y fatiga–, entrar en un refugio y pedir un caldo caliente.

Esta tensión entre la naturaleza y el hombre se ilustra muy bien con la historia de Christopher McCandless, que, tras graduarse con matrículas de honor en una universidad americana y a la espera de un futuro prometedor, abandona a su familia sin dar explicaciones, dona todos sus ahorros y rompe radicalmente con su modo de vida occidental, que desprecia, tachándolo de egoísta y consumista. McCandless emprendió un viaje sin rumbo por la costa oeste de Estados Unidos con un sueño: viajar a Alaska, perderse entre sus bosques y poner al límite su espíritu, desprendido de cualquier forma de materialismo y en soledad. Se alimenta de frutos silvestres y de animales que él mismo caza. Sin embargo, a pesar de su espíritu aventurero, sus conocimientos eran limitados y a los pocos meses murió por inanición a causa de una hierba venenosa. En su diario, antes de morir, escribió

---

[17] Karl Marx, *Introducción general a la crítica de la economía política* (1859).

que la felicidad solo es real cuando es compartida. En resumen, no hay forma de vivir al margen de los otros. McCandless, al que yo admiré en mi juventud, no era más que un pobre joven incomprendido que buscó una libertad errónea, desvinculada y solitaria. Renegó de la cotidianeidad, del hogar, la familia y un trabajo estable por considerarlo irrelevante y murió solo y de una forma un tanto irónica: a menos de un kilómetro había unas vías de tren por las que podría haberse salvado.

* * *

Voy a las montañas también en busca de grandeza. Hay un fuerte deseo en mí por mirar hacia arriba, por apreciar la belleza y los límites del cielo. Siempre he pensado que la montaña es símbolo de esa aspiración ascendente del hombre que le impulsa a crecer. Las montañas me dan esperanza porque me recuerdan que el mundo está bien hecho, que no hay problema en la Tierra que no pueda relativizarse o al menos apaciguarse entre las sombras de los abedules, el silencio de los bosques nevados, la fuerza de las cascadas o los lagos de montaña. La belleza da sentido a nuestra vida, la ennoblece y la dota de consistencia y espesor. Es bueno andar cerca de lo bello.

Una consecuencia de la belleza es el asombro. Por eso voy a las montañas, porque quiero fascinarme con todo aquello que me sobrepasa y me deja afectado, tocado por la infinitud. Es la admiración la que, como decía Aristóteles, nos impulsa a vivir y pensar sobre el mundo. Quien no admira y se admira, no vive.

Un error muy común es pensar que la admiración surge en relación con lo desconocido e inabarcable, con aquello que es inexplicable. En este sentido, podríamos creer que el mundo de los griegos, que divinizaban los fenómenos naturales, o de los europeos del siglo XIV, que creían que la Tierra era plana, era un mundo más asombroso y misterioso, por todo aquello que se desconocía o no era controlable. Y también podríamos creer que el avance de la ciencia, gracias a las explicaciones científicas de los fenómenos naturales, ha disminuido en cierta medida este asombro por el mundo. Sin embargo, el hecho de que yo tenga una explicación científica de un fenómeno no implica que sea menos asombroso. En primer lugar, porque cabe aún más asombro en lo que somos capaces de entender –puedo saber en qué consiste el proceso de la fotosíntesis y seguir fascinándome con el crecimiento de las plantas–. En segundo lugar, porque la explicación de un fenómeno natural no abarca la totalidad de la realidad, es decir, siempre hay algún elemento que se me escapa. La ciencia puede explicar la fotosíntesis de una rosa, pero no puede explicar por qué la rosa es bella y por qué esa belleza nos deslumbra. Aunque sepamos explicar el mundo, este no deja de ser un milagro increíble. Lo milagroso, a diferencia de lo que podemos creer, no es incompatible con lo científico. Una de las definiciones de milagro es «suceso o cosa rara, extraordinaria o maravillosa», y así es como deberíamos ver el mundo. Esta experiencia desbordante es la que sobrepasa cualquier explicación científica, por muy completa que esta sea.

Si dejamos de ver el mundo como una realidad que nos sobrepasa y sobrecoge, si rechazamos el milagro, es mucho más fácil que se instrumentalice. La tecnificación del mundo justifica cualquier tipo de explotación sobre la tierra. Esquirol señala que precisamente explotar significa explicitar, sacar, lo que está dentro. Por lo que, cuando no existe lo oculto ni lo secreto, «lo que está dentro, en el interior, puede sacarse fuera, a la luz del día, para hacer con ello lo que haga falta»[18]. Cuando no se reconoce la condición vulnerable, que no es otra cosa que el reconocimiento de la intimidad –de lo que está dentro–, todo queda expuesto y es susceptible de utilizarse como se desee.

El asombro nos da pistas de cómo debe ser nuestra relación con la naturaleza. Solo quien se asombra por ella es capaz de responsabilizarse de ella, es decir, de ver un valor y, por tanto, cuidar. Asombrarse significa contemplar lo otro en toda su alteridad y solo el hombre es capaz de ver aquello que no es él mismo. Como señala Hadjhadj en una bella frase, «nada es más propio del hombre que interesarse en lo que no es él. Come el cordero, pero eso también lo hace el lobo. Lo que no hace el lobo, lo que es específico del hombre, es admirar y cuidar el cordero, emocionarse en su corazón ante los brincos juguetones y llevar el asombro ante su misterio»[19]. Por eso se siente responsable de cuidar el mundo. Creemos que es pretencioso –y en cierta medida nos avergüenza– decir que el hombre está por encima del resto de seres vivos, pero la realidad es que solo él se preocupa por la conservación de la naturaleza, precisamente porque solo él es capaz de asombrarse y contemplar su belleza. A un león le es indiferente –si es posible que el león muestre indiferencia– la subida de la temperatura, la disminución de la biodiversidad e incluso el deterioro de las condiciones que hacen posible su existencia. Un león no puede saber que está en peligro de extinción; no lo puede saber, ni tampoco sabe qué es estar en peligro de extinción.

---

[18] Josep María Esquirol, *El respeto o la mirada atenta* (Gedisa Editorial, Barcelona 2010), 52.

[19] François-Xavier Putallaz y Fabrice Hadjhadj, *¿Qué es la naturaleza?* (Rialp, Madrid 2023), 115.

Pero vamos un paso más allá. Cuidar la naturaleza no significa dejarla a su libre arbitrio, es decir, alejarnos de ella para que se desarrolle en estado salvaje. La naturaleza salvaje que queda en el mundo está, lo queramos o no, delimitada por el hombre. Todo aquello que está delimitado, es decir, conservado, como los parques naturales, deja de ser salvaje, por lo que en la práctica no existe esta imagen utópica que a veces le atribuimos a la naturaleza. De hecho, hemos empezado a hablar del cuidado de la naturaleza cuando la hemos empezado a delimitar, a erigirnos sobre ella. Si antiguamente no se hablaba de cuidado de la naturaleza, era precisamente porque la naturaleza era un lugar hostil y el hombre debía tener, ante todo, cuidado de sí mismo. Cuidar la naturaleza es ya un acto que implica situar al hombre como protagonista, es decir, como cuidador. Por eso no se puede entender el debate sobre el cuidado de la naturaleza sin el hombre, porque no hay cuidado sin humanidad. No existe tal cosa como el biocentrismo porque la vida no puede colocarse en el centro por sí misma. Si se sitúa en el centro, es porque el hombre lo ha querido así. En definitiva, cuidar la naturaleza y dejarla a su libre arbitrio son dos actos incompatibles.

Esta visión antropocentrista no implica que el hombre deba dominar y explotar la tierra a su antojo. Es una visión antropocentrista, porque el hombre es protagonista al ser el único que se siente responsable de cuidar el mundo. Ahora bien, cuida la naturaleza precisamente porque se asombra de ella, porque le confiere un valor único que está por encima de él. Por eso, el binomio antropocentrismo/biocentrismo es falso. Solo situando al hombre como protagonista del mundo seremos capaces de situar la vida por encima de él.

Este debate nace curiosamente cuando logramos percibir la Tierra, en su totalidad, como nuestro hogar. En 1972, la tripulación del Apolo XVII enmarcó la fotografía más reproducida de la historia: la Tierra desde el espacio. Fuimos por primera vez conscientes de que la Tierra era frágil, nuestro pequeño hogar frente a la intemperie y la inmensidad del frío espacial; conscientes de que solo nosotros podíamos y teníamos la obligación de cuidarla.

* * *

Si cuidar la naturaleza implica hacernos cuidadores, ser responsables de ella, conviene prestar atención a aquellos gestos que nos ayudan a tomar conciencia de esta relación. Quizá pensemos que solo los que se dedican a la gestión medioambiental ejercen ese papel de jardineros, pero desde nuestro hogar, incluso en el centro de las ciudades, se nos ofrecen oportunidades de actuar como cuidadores. Gestos sencillos y cotidianos, a menudo irrelevantes, como el cuidado de las plantas. A veces creemos que la única manera de resolver el cambio climático es a través de la regulación y las políticas legislativas y fiscales, pero hay otros caminos complementarios que creo que son igual de relevantes. Basta el cuidado de una planta en un macetero junto a la ventana para hacer de este mundo un lugar mejor. Y no porque vaya a reducir la contaminación o la evapotranspiración del suelo –estaríamos teniendo en cuenta solo una visión científica del problema–, sino porque supone, en primera instancia, un acto moral: amparar y responsabilizarse de otro ser. Cultivar requiere saber cuándo se riega, se poda o debe apartarse del sol. No se trata de plantar y dejarla a su suerte, sino de prestarle atención y esforzarse por abrirse al otro. Las plantas nos brindan la oportunidad de ver que la naturaleza no es un ente abstracto, sino seres concretos que requieren cuidado y atención; que, como las plantas en el macetero, los ecosistemas son frágiles y vulnerables; y que, si se cuidan como es debido, nos regalan frutos con los que nos alimentamos y disfrutamos. La sensibilidad que procura el cuidado nos ayuda después a tener una mayor sensibilidad por la naturaleza a una escala mayor. Ese cambio de mirada, esa revolución interior y moral, siempre será más poderosa que cualquier política gubernamental.

A veces me irrita la facilidad con la que se tiran colillas en las playas o una lata en las cunetas de las carreteras. Este desprecio no solo muestra una absoluta indiferencia por la naturaleza, sino también por nosotros mismos. Si somos cuidadores y no hacemos bien nuestro trabajo, creamos también un mundo menos humano. Quizá, una buena medida para cultivar nuestro amor por la naturaleza es que los colegios dispongan de huertos y jardines para que los propios alumnos ejerzan de cuidadores. Un huerto requiere paciencia, esfuerzo, humildad y, sobre todo, confianza, y es la mejor vía de aprendizaje para contemplar la belleza de la vida y los peligros que la acechan, para sentir la responsabilidad que recae sobre nosotros de conservar un Edén que nunca hemos merecido.

* * *

Voy a las montañas también en busca de silencio. A veces me gusta pensar que, antes de que el hombre llegara, el silencio reinaba en el mundo. No había coches, ni metro, ni discotecas, ni tampoco podíamos escuchar música en cualquier momento. Hubo un tiempo donde el silencio permanecía presente y dejaba espacio a los sonidos naturales que hoy se ven difuminados por la maquinaria urbana: el canto de los pájaros, el viento entre los

árboles, el susurro de la noche, la lluvia, el agua del arroyo... Dijo
una vez el cineasta Nicolas Klotz que el silencio está ahí donde
comienza el mundo. A veces voy a las montañas para ser consciente de que, en el fondo, el mundo es silencio, una condición
primaria que restaura el ánimo y nos hace volver a ver el mundo
de una manera diferente, con otros ojos, más atentos, sensibles
y genuinos. El escritor Jean-Michel Delacomptée dijo que en el
silencio hay siempre una belleza que sorprende. Así lo siento yo
en el conticinio, una palabra que me encanta y hace referencia a
la hora de la noche en que todo está en silencio. Cuando llega la
calma, el mundo se vuelve amable.

Pero para gozar de una forma más íntima con este silencio,
es preciso guardar silencio. No se trata de estar presente simplemente en un entorno tranquilo, sino de hallar cierta serenidad
interior. Solo así se es capaz de apaciguar la mente y restaurarla
del estrepitoso torbellino en el que nos encontramos. No hay que
olvidar que el ruido exterior es también un reflejo de nuestro ruido interior. El silencio nos ayuda a entrar en nosotros, a mirar
nuestra intimidad y a reconocer nuestra condición vulnerable.
Ser consciente de mi vulnerabilidad es otra forma de guardar silencio.

Si antiguamente reinaba el silencio, hoy se ha convertido en
un lujo, en una experiencia de pago, en una exquisitez que no
está al alcance de todo el mundo. Vivimos en un mundo ruido-
so que no sabe escuchar y que, por tanto, no sabe mirar al otro.
No me gustan los grupos que necesitan hablar cada vez más alto
para escucharse los unos a los otros, donde las voces se atrope-
llan y luchan por sobrevivir. Gritar puede llamar la atención,
pero siempre en perjuicio de la voz de los demás. Por eso, no creo

en las revoluciones ensordecedoras; siempre es mejor cambiar las cosas en silencio, en el hogar.

El silencio está experimentando un renacer en los últimos años, con programas de meditación y centros de retiro. Es curioso cómo la sociedad justifica la necesidad de silencio analizando los beneficios que tiene sobre el organismo y la psique. Y digo que es curioso porque, como todo en nuestro tiempo, este enfoque tiene un tono individualista. Se dice que el silencio es necesario para calmar nuestra mente, sentirnos mejor, ordenar los pensamientos o recogernos del mundo exterior. El silencio, por tanto, está referido al sujeto; se hace silencio para estar uno más presente. Sin embargo, si el silencio nos ayuda a reconocer nuestra vulnerabilidad, también nos debería ayudar a reconocer nuestra vinculación y dependencia con los demás. El silencio no es simplemente un recogimiento interior, sino, sobre todo, una búsqueda de la alteridad. No callamos para escucharnos, sino para escuchar lo que tenemos delante. El silencio es expresión de la sensibilidad por la alteridad, es una condición para dar cuenta de lo otro. Por eso, el silencio absoluto no existe, porque el silencio hace presente los sonidos de la alteridad: el arroyo que fluye por el valle, las ramas que crujen por el viento, los cencerros del ganado, las abejas que revolotean entre las flores… El silencio es siempre una forma de expresión; el silencio habla, y a veces habla muy claro. Por eso, para contemplar es preciso el silencio, porque solo en él uno es capaz de ver más allá de uno mismo.

Por otro lado, y paradójicamente, el encuentro con la alteridad intensifica ese silencio. Solo cuando escuchamos atentamente a lo otro, percibimos también la fuerza del silencio. Volvemos, por tanto, a una filosofía de la relación: no hay silencio sin alteridad y no hay alteridad sin silencio. A las dimensiones que

destacábamos de la cotidianidad –proximidad, temporalidad, repetición y lentitud–, hemos de añadir también el silencio, porque
no hay cotidianidad sin calma, no hay ternura si hay estridencias
y no hay amor donde no hay reposo. Quizá nuestros problemas
se podrían ver de otro modo si guardáramos silencio.

El silencio de la naturaleza también ha sido una vía muy relevante para llegar a Dios, aunque menos conocida. Santo Tomás
de Aquino señaló cinco vías –movimiento, causa eficiente, con-
tingencia y necesidad, gradualidad en la perfección y finalidad–
y otros autores han destacado la verdad, la belleza, el bien o el
orden como argumentos para demostrar la existencia de Dios.
Quizá no es descabellado aventurarse en el silencio para ofrecer
otro tipo de demostración.

Hay lugares propicios para enmudecer, y las montañas son
un buen ejemplo. Jesús se refugiaba en ellas para orar y descansar. Los silencios de las cimas y los cielos estrellados nos hacen
sentir muy pequeños, como si estuviéramos delante de Dios. Los
desiertos ofrecen una experiencia similar. Se dice que son el lugar
idóneo para escuchar la voz del silencio. No es de extrañar que
Dios se revelara en el desierto y que Jesús se apartara del mundo
para ayudar y aceptar su destino como Hijo de Dios.

En el silencio de las montañas, Dios habla. Los cristianos suelen fijarse en los discursos y parábolas de Jesús, es decir, en lo que
dijo, pero raramente en lo que calló. Siempre me han inquietado
los silencios de la Pasión, especialmente aquellos que se produje-
ron en el juicio de Pilato. Podría haber hablado con grandilocuen-
cia y haber hecho uso de la palabra y su carisma. Pero él calló y a
través de su silencio mostraba su verdad.

No hay amor sin silencios. Por eso, me atrevería a decir que
el silencio de las montañas me enseña a amar mejor. El amor es

incompatible, salvo causa justificada, con la queja. Quien se queja demasiado, difícilmente ama. Entregarse y servir a los demás tiene mucho más que ver con el silencio que con el ruido.

José, el padre de Jesús, es un buen ejemplo. Alain Corbin, en *Historia del silencio*, escribe este magnífico párrafo:

> El padre adoptivo de Jesús permanece totalmente mudo a las Escrituras. Es el patriarca del silencio. Es inútil buscar una sola palabra suya en los cuatro evangelios. Cuando Jesús se demora entre los doctores, en el templo de Jerusalén, María y José se alarman por su ausencia. Ahora bien, es la madre y no el padre quien le dirige unos reproches. En Belén, José calla. Cuando acoge en sueños la palabra del ángel que le ordena partir hacia Egipto (Mateo 2, 13), guarda un completo silencio, y después obedece sin pronunciar una sola palabra. La muerte de José en Nazaret es silenciosa. En suma, en el Evangelio de Mateo, José responde con el silencio a todo lo que le concierne. Su silencio es el corazón que escucha, la interioridad absoluta. Durante toda su vida, este hombre ha contemplado a María y a Jesús, y su silencio es superación de la palabra[20].

El amor no solo está presente en los actos y las palabras dirigidas, también en el silencio. Leamos esta preciosidad de Maurice Maeterlinck en *El tesoro de los humildes:* «Si te es dado descender un instante en tu alma hasta las honduras que habitan los ángeles, lo que recordará sobre todo de un ser al que has amado profundamente no son las palabras que ha dicho o los gestos que ha hecho, sino los silencios que habéis vivido juntos; pues solo la calidad de estos silencios ha revelado la calidad de vuestro amor y de vuestras almas». Y citando a Jean Paul, escribe: «Cuando

---

[20] Alain Corbin, *Historia del silencio* (Acantilado, Barcelona 2020), 79.

quiero amar con mucha ternura a una persona querida y perdo-
nárselo todo, no tengo más que mirarla un rato en silencio»[21]. De
niño, mi madre solía mirarme intensamente. Cuando me perca-
taba, me incomodaba y le pedía que dejara de hacerlo. Guardo
con cariño esos recuerdos, porque sé que en el fondo me estaba
queriendo con todo su corazón.

Los silencios también se manifiestan cuando experimentamos la infinitud. Cuando acabo un buen libro o una buena película, tengo la necesidad de guardar silencio, como si tuviera
que dejar espacio a lo vivido ahí mismo. Quedo afectado, con-
mocionado y herido por el infinito, y no quiero irme de allí. Eso
mismo ocurre en las montañas; solo cabe silencio ante tanta grandeza, solo cabe silencio ante la vulnerabilidad. Quizá el lector se
pregunte qué relación tiene el silencio de las montañas, el de mi
abuela, el de mi madre o el que uno guarda tras haber leído un
gran libro, pero creo que todos ellos están hilvanados entre sí por
un hilo muy fino: la experiencia de la alteridad y la afección que
causa en nosotros. Somos mucho más lo que nos toca que lo que
nosotros podemos tocar.

---

[21] Ibid., 113-114.

8.

QUIEN TIENE UN AMIGO, TIENE UN TESORO

Como el Camino de Santiago, la vida tiene sus etapas: la niñez, la adolescencia, la juventud, la madurez, el adulto en declive con la crisis de los 50 y la vejez. En todas estas etapas, afrontamos cambios, aprendemos a lidiar con nuevos problemas y vamos configurando lo que somos y lo que queremos ser. La amistad se vuelve un apoyo indispensable en este proceso: compartimos con los amigos los mismos interrogantes, experimentamos las mismas dificultades y queremos más o menos las mismas cosas. En la niñez, jugamos y vivimos aventuras con nuestros amigos; en la adolescencia, descubrimos nuestra sexualidad y nos obsesionamos con ella; en la juventud, gozamos de la libertad y sufrimos la penuria de madurar; en la etapa adulta, queremos un trabajo y una vida estable para poder realizar los proyectos que nos gustaría; y en la vejez, hablamos con ellos sobre el pasado y disfrutamos juntos lo que queda de la vida.

Cada época tiene sus dificultades y uno se siente vulnerable ante los retos que se plantean. La amistad no es necesaria para la supervivencia, pero sí indispensable para afrontar la vida. C.S. Lewis creía que la amistad era la dimensión más importante de la vida, el único amor que «parece elevarnos al nivel de los dioses y los ángeles», «el plato fuerte en el banquete de la vida». Lewis señala que, para los griegos, «la amistad les parecía el más feliz y más plenamente humano de todos los amores: coronación de la vida y escuela de virtudes». Casi todos damos importancia a la amistad, pero nos parece exagerada la visión de Lewis, el cual afirma que la amistad en el mundo moderno es «algo bastante marginal, un entretenimiento, algo que llena los ratos libres de nuestra vida»[1].

Por supuesto, no pensamos así, pero es cierto que, minada la confianza por el otro, la amistad se vuelve una relación cada vez más difícil. Si el motivo de nuestras relaciones es, como decíamos, el interés, no es de extrañar que surjan por doquier amigos interesados. Me chirrían los títulos de los *bestsellers* que hablan de cómo hacer amigos e influir sobre ellos. Un caso es el éxito de Dale Carnegie, *Cómo ganar amigos e influir sobre las personas*. Ya el título lo dice todo.

No podemos ser amigos si desconfiamos del otro. Por eso, a menudo encontramos cierto cinismo en las teorías sobre la amistad, que tratan de fundamentarla en el propio interés o egoísmo, como si fuera imposible creer en un corazón genuino. La amistad invita a superar la sospecha, la desconfianza permanente, el miedo a ser traicionados; la amistad nos invita siempre a correr

---

[1] C.S. Lewis, *La amistad* (Rialp, Madrid 2015), 8-12.

el riesgo del encuentro con el rostro del otro, a abrirnos a nuestra condición vulnerable.

Siempre supe que la amistad era importante, pero uno no se da cuenta de su valor hasta que tiene buenos amigos. Conforme pasan los años y maduran las amistades, uno cae en la cuenta de que no son una añadidura o un plus en la vida, sino un regalo inmerecido. Uno no «gana» amigos, sino que uno los recibe. La amistad no se gana ni se busca, se encuentra. A veces nos cuesta creer que los buenos amigos llegan a nosotros sin darnos cuenta, fruto de un encuentro azaroso. Coincidir en clase, en el trabajo o en una cafetería es justamente eso, coincidencia, por eso la amistad no tiene un principio exacto ni un motivo claro para arrancar. Uno la va construyendo poco a poco sin saber muy bien a dónde llegará, hasta que un día dice: «Qué suerte haberle encontrado», y se da cuenta de que elige conservar una amistad cuando, paradójicamente, ya la tiene.

Por eso, un amigo es un regalo inmerecido, una deuda impagable. No porque el amigo sea mejor que nosotros –quien elige a sus amigos solo porque son mejores, lo hace por interés–, sino porque la amistad enriquece la vida, nos permite compartirla, disfrutarla y, en los malos momentos, soportarla. Porque un amigo es un antídoto contra la soledad y la tristeza, y una pieza que se resiste al engranaje de las ideologías colectivas –los amigos no pueden acoplarse a un colectivo.

Pero ¿qué es exactamente la amistad?, ¿qué es lo que hace que tú y yo seamos amigos? Es necesaria, en primer lugar, una puesta en común, una base sobre la que construir. Aristóteles dijo que el amigo es otro yo, alguien que comparte y se identifica conmigo. Pero es necesario ir más allá, porque el amigo también es otro yo que cabe en mí, que entra, respeta y se amolda a la intimidad del otro, como aquella famosa canción de *Toy Story:* «Hay un amigo en mí»...

A menudo se piensa que el fundamento de la amistad es compartir aficiones –jugar al fútbol, ver cine, salir de fiesta–, pero la realidad es que basta con compartir. Quizá lo que une es un dolor o una inquietud compartida, un sueño o un deseo común; quizá se conserva a un amigo de la juventud por el cariño que guardamos de un tiempo pasado. Quizá sea más sencillo y la clave está en lo que dice Hugh Black: «Lo esencial es que exista un deseo real y un esfuerzo genuino por parte de los amigos de comprenderse mutuamente»[2]. No se trata de compartir aficiones, sino de compartir a secas, de reconocer en el otro algo que está en mí. Lewis señala que en la amistad se da interiormente la siguiente expresión: «¿Cómo, tú también? Yo pensaba ser el único»[3].

La amistad es también una experiencia moral, porque busca el bien del otro y, al ponerlo en práctica, nos hace mejores. Aristóteles creía que la amistad era la mejor escuela para adquirir las virtudes en la juventud, porque requiere responsabilidad, dedicación y compromiso. Para el filósofo griego, la posibilidad de hacer el bien se ejercita principalmente respecto de los amigos. A menudo escuchamos discursos grandilocuentes sobre cómo ser buenos y liderar un cambio en el mundo, cómo hacer cosas grandes y admirables por los demás. Sin embargo, la cuestión es mucho más primaria. La mejor forma de saber si hago el bien es tener buenos amigos.

---

[2] Hugh Black, *El arte de ser un buen amigo* (Rialp, Madrid 2023), 38.
[3] C.S. Lewis, *La amistad* (Rialp, Madrid 2015), 21.

También creía Aristóteles que, al ser una vinculación moral, la amistad tenía, además, una dimensión política, porque nos hace más libres y resistentes a las tiranías de las ideologías colectivas. Es en la amistad donde puedo ser yo verdaderamente, donde no tengo miedo de expresar lo que pienso o siento. En un mundo donde se priorizan las identidades colectivas, es más difícil forjar amistades. Como bien señala Lewis, «la amistad saca al hombre del colectivo "todos juntos" con tanta fuerza como puede hacerlo la soledad, y aún más peligrosamente, porque los saca de dos en dos o de tres en tres […]. Decir estos son mis amigos implica decir esos no lo son»[4]. La amistad, al igual que el amor, no se reconoce en ningún grupo, porque no se puede amar a todo el mundo ni se puede replicar como un producto industrial. En definitiva, podemos decir que la amistad es el fruto de la ética –no hay amigo si no hay confianza– y la raíz de la política –no hay amigo si no hay libertad.

Asumiendo estas dos dimensiones de la amistad –moral y política–, podemos decir, además, que es una realidad tremendamente social y contagiosa. En toda relación tendemos a imitar, a veces sin percibirlo, los hábitos y gestos del otro y, con el tiempo, las convicciones, los deseos y las aspiraciones se vuelven similares. Por eso es necesario ser prudente y saber de quién se rodea uno. En un entorno malo, es muy posible que acabemos contagiándonos de hábitos que no queremos y normalizando situaciones que en otro contexto serían impensables. En este sentido, llega un momento en el que se tiene que elegir quiénes son nuestros verdaderos amigos y desengañarse de aquellas relaciones a las que se les tiene cariño y afecto, pero que no pueden entrar por

---

[4] Ibid., 12.

la puerta estrecha de la amistad. Al fin y al cabo, no podemos ser amigos de todos porque, si no, uno acaba siendo amigo de nadie. Aunque es cierto, como decíamos, que uno elige mantener una amistad cuando, paradójicamente, ya la tiene, también es cierto que uno decide acabar con ella cuando se da cuenta de que no es verdadera o conduce a malos caminos. La amistad exige intimidad, y la intimidad exige unos pocos.

Por otro lado, la amistad es mutua admiración. Si no se admira al amigo, hay que preguntarse entonces por qué seguimos con él. La amistad es la prueba de que los hombres pueden ver algo genuinamente bueno en los demás, confiar y tener fe en el otro. Es conveniente reflexionar de vez en cuando sobre las virtudes de nuestros amigos e identificar qué admiramos de ellos. La admiración nos impulsa a querer y compartir lo mejor que tiene el otro y al mismo tiempo nos llama a nosotros a ser la mejor versión de nosotros mismos. La mutua admiración refleja la igualdad entre los amigos, de aquí que la adulación o el servilismo no sean compatibles con la amistad.

En esta mutua admiración hay, por supuesto, aspectos que no nos gustan del otro. A veces se piensa bien intencionadamente que lo mejor es decirle cuanto antes qué tiene que cambiar o dejar de hacer. Sin embargo, la corrección condescendiente y arrogante nunca tiene un buen resultado. Es tan sencillo como tratar de comprenderlo, escucharlo y, en definitiva, amarlo. Cuando tratamos de entender por qué nuestro amigo actúa de una manera que no nos gusta, muchas veces encontramos la razón en su pasado: una familia desestructurada, el dolor de una soledad, un amor no correspondido, el complejo causado por un defecto innato. Acogiendo al otro y tratándolo de entender es la mejor forma de combatir la arrogancia inflexible que juzga al amigo y forjar una relación más compasiva. Me emocioné con una columna en *El País* de Ana Iris Simón sobre su grupo de amigos. Decía: «Juntos hemos aprendido que la amistad, con los años y como casi todo, se va convirtiendo en lo contrario a lo que uno pensaba que era en la adolescencia, cuando la empezó a descubrir. Que va más de tolerar que de querer cambiar, de comprender que de exigir; que es lo contrario al presentismo, pero requiere presencia, que muchas veces se basa en querer al otro a pesar de y no por sus pareceres y opiniones sobre lo divino y lo humano. Y que eso es el amor»[5]. Por supuesto, hay momentos para corregir o advertir al amigo y decirle lo que no quiere escuchar. Pero eso, señala Black, no debe ser oportunidad para abrir heridas: «Un verdadero amigo nunca herirá innecesariamente, pero tampoco dejará escapar, por cobardía, la ocasión de corregirnos»[6]. Es necesario, por tanto, buscar lo que los griegos llamaban el *kairós*, ese momento idóneo en el que la verdad puede revelarse. Por desgracia, este arte solo se aprende teniendo amigos.

La amistad es también un refugio, un consuelo en medio de las dificultades. Con nuestros amigos compartimos las inquietudes, inseguridades y dolores de cada etapa, pero es en este compartir donde nace el verdadero sentido de la camaradería y donde hallamos una gran fortaleza para combatir los males y las amarguras de este mundo. Todo quijote necesita un sancho que lo ayude a superar las dificultades. La amistad es un antídoto contra la tristeza y el desasosiego. Esa palmada en el hombro alivia el dolor y distribuye su carga. Muchas veces no necesitamos ayuda, pero el mero hecho de saber que nuestros amigos están

---

[5] https://elpais.com/opinion/2021-12-04/tan-jovenes-y-tan-viejos.html

[6] Hugh Black, *El arte de ser un buen amigo* (Rialp, Madrid 2023), 58.

ahí para lo que necesitemos es un enorme consuelo. Epicuro dijo que no necesitamos tanto de la ayuda de nuestros amigos cuanto de la confianza en esa ayuda. Por eso, la amistad nos repite una y otra vez que no estamos solos, que hay un par de camaradas dispuestos a ayudarnos si hace falta. Coincido con Black en que «la camaradería es uno de los hechos más hermosos y una de las fuerzas más robustas de la vida»[7], porque a pesar de los problemas y las adversidades que nos encontramos, siempre podemos acudir a la firme convicción de que nuestros amigos están ahí. Por eso creo que quien tiene buenos amigos no podrá ir al infierno, porque ellos huirían del cielo si hace falta y harían lo posible por rescatarlo de las profundidades.

Los amigos nos impulsan a ser generosos, a compartir y no ser calculadores ni utilitaristas. Por eso, la generosidad es un reflejo de la amistad verdadera. La vida es bella cuando escuchamos gestos como: «A esta invito yo», «vente a mi casa de vacaciones», «te he hecho un regalo» o «ya me lo devolverás». Quien es generoso también es alegre. *Bonum est diffusivum sui*, el bien se difunde por sí mismo. Quien comparte disfruta de la vida y quiere hacer al otro partícipe de su felicidad. Por eso, la amistad multiplica la alegría y divide la pena. Con qué facilidad y cuánto disfrutamos cuando hacemos planes con nuestros amigos: una barbacoa, una cerveza después del trabajo, un paseo por la montaña y un chapuzón en el río, una conversación que se alarga al son del buen vino… Disfrutar con los amigos es sencillo, no requiere excesos ni gastos superfluos. Saber disfrutar así es la mejor manera de saborear un pedazo de cielo. Epicuro supo entrever que la felicidad está muy ligada a la dimensión corporal,

---

[7] Hugh Black, *El arte de ser un buen amigo* (Rialp, Madrid 2023), 59.

no en un sentido materialista, sino como disfrute de los placeres sencillos de la vida. Volvemos, por tanto, a la tesis que vertebra este libro: cotidianidad, sencillez y alteridad frente a la desconfianza y el cálculo de intereses.

Este disfrute con los amigos también explica por qué el juego y la risa son dos elementos indispensables de la amistad. Quien, por la dureza de la vida o la mala suerte, deja de reír y jugar con sus amigos, pierde otra ventana al infinito. No solo se ha de jugar en la niñez –al «pilla-pilla» o al «polis y cacos»–, sino también en la madurez –al mus o la primera tontería que surja–. «No jugar», dijo una vez Rafael Alvira, profesor al que tuve la suerte de tener en la carrera, «es un menosprecio a la maravilla de la existencia humana». Tanto el juego como la risa aligeran la vida y la hacen más llevadera, pero, sobre todo, son condición para una verdadera y profunda alegría. Por eso, lo que hacen los amigos la mayor parte del tiempo es reír. Me tocó el corazón el último párrafo de *La amistad según Epicuro*, de Maite Larrauri, que reza así: «Reírse a costa de las cosas serias, de lo más sagrado, es reírse como lo hacen los dioses, de manera sobrehumana, como si la gracia de la vida bendijera ese momento, como si la vida toda riera a través de ellos». No hay tempestad que pueda derribar la sonrisa, no hay sufrimiento que no pueda aligerarse con la alegría de la amistad.

La amistad es un refugio, pero esta realidad solo se abre cuando reconocemos nuestra condición vulnerable, cuando estamos convencidos de que se puede confiar genuinamente en el otro. La amistad es cobijo frente a la intemperie, el lugar en el que se aligera la vida y disfrutamos de ella con sencillez.

9.

LA TERNURA, EL ROSTRO DE DIOS

«¿Qué hacía Dios antes de crear el mundo?». «Antes de crear el mundo… Dios amaba».

La ternura no está de moda; quizá nunca lo haya estado. Lo tierno se asocia comúnmente, especialmente en los hombres, a la debilidad, al carácter blando e ingenuo. Es un sentimiento que, aunque tenga cabida en la intimidad, solo se puede mostrar en momentos excepcionales y muy delimitados. Quizá no está mal visto sentir ternura por un bebé, pero nos da cierta vergüenza sentirla por un amigo o un familiar. Hay muchos hombres que no besan a sus padres ni tampoco les dicen «te quiero».

La ternura indica, ante todo, fragilidad, porque nos deja expuestos y en manos del otro. Saca a la luz lo que realmente somos, seres vulnerables. Afina Francesc Torralba cuando dice que la ternura no es debilidad del alma, sino una nítida expresión de lo que realmente somos. Por eso, un bebé, un anciano enfermo, un discapacitado mental o un enfermo agonizante son personas que tienen algo en común: su indefensión y exposición[1]. Al mostrarnos en una situación delicada, la ternura supone una confianza extrema en el otro y una lucha contra el escepticismo y la desconfianza que a menudo prevalece en nuestro mundo. Por eso, más que debilidad, la ternura es un acto valiente y transparente en el que se expresa nuestra intimidad y lo más profundo que tenemos dentro; «cuando una persona habla con ternura, se expresa con el corazón en la mano»[2].

Vivimos, como decíamos, en un mundo en el que tenemos que aparentar fortaleza y seguridad, dar la sensación de que controlamos nuestra vida, somos independientes, tenemos un dominio absoluto de las emociones, nos mantenemos imperturbables ante los hechos de la vida, sabemos medir nuestro tiempo, ser eficientes y productivos con él. Se busca firmeza y cierta insensibilidad, y se repite una y otra vez –muy habitual en el *coaching*– que la realidad es neutra y que todo depende de cómo la interpretemos. La ternura, por el contrario, nos ayuda a percibir la realidad de las cosas y ser conscientes de que la fragilidad del otro nos conmociona. El indefenso, el desamparado o el pobre nos perturba, no porque lo interpretemos nosotros de una manera, no porque seamos nosotros quienes valoremos la realidad, sino porque la misma realidad irrumpe en nosotros. Es ella la que nos afecta y nos toca, no al revés. No se puede mantener uno impasible ante el enfermo que clama un cuidado o ante el refugiado que busca desesperadamente un hogar.

Esta visión del hombre independiente y de voluntad férrea –algunos tergiversan el concepto y lo quieren llamar estoicismo–

---

[1] Francesc Torralba, *La ternura* (Editorial Milenio, Lleida 2010), 31.

[2] Ibid., 17.

solo endurece el interior de las personas y cierra la puerta de la ternura al no reconocer nuestra condición vulnerable y mostrar las heridas que la vida nos va dejando. De ahí que quien se habla con dureza y demasiadas exigencias, difícilmente puede enternecerse con los demás. Un corazón duro es como un caparazón que busca ocultar lo que no puede dejar de ser: fragilidad. Por eso la dureza es una actitud aparente, un espejismo que no tiene el valor de expresar lo que es. Rechazamos la ternura porque queremos ser autosuficientes:

> Nos cuesta aceptar la dulzura que nos dispensa el otro. Nos molesta la mirada tierna, la caricia, la palmada en la espalda, la atención que el otro nos da. Nos parece que detrás de esta ternura hay paternalismo, y no queremos ser tratados como menores, inválidos o débiles. Vemos en ello un signo de superioridad, y en cuanto hemos sido educados para ser los mejores y, sobre todo, para sentirnos superiores a los demás, no lo podemos soportar. Rechazamos esta ternura porque queremos ser reconocidos como fuertes y autosuficientes. Esta cerrazón a la ternura del otro nos hace ser ásperos e inhumanos y, al final, resulta un mecanismo de defensa que ponemos en acción para salvaguardar nuestra pretendida autosuficiencia[3].

Es difícil definir la ternura, pero existen ciertos rasgos que la enmarcan. En primer lugar, la ternura implica una vinculación, una relación con el otro. El padre que se enternece por el hijo, o el nieto por su abuelo enfermo. El primer gesto de nuestra vida, el abrazo de nuestra madre después de nacer, es la ternura por excelencia. «Somos hijos de la ternura»[4], sin ella no cabe un

---

[3] Ibid., 31-32.

[4] Ibid., 16.

sano desarrollo humano. Quien no la haya experimentado, posiblemente, no entienda lo que es el amor y no tenga confianza en el ser humano. Pensará que la familia es un espejismo, que los grandes amigos se mueven por mero interés y creerá que no hay nada auténtico, que siempre hay segundas intenciones o mala voluntad.

La ternura es un acercamiento respetuoso, que no busca retener ni dominar al otro. No se trata tanto de apropiarse, sino de desear al otro. Es un movimiento que no cesa, que no tiene fin. Como diría Levinás, es una sed de infinito. La ternura es un gesto que toma conciencia del misterio del otro; del otro como ser único e irrepetible; del otro como milagro y regalo. La ternura está intrínsecamente relacionada con la caricia y el tacto frágil –la mano que toca suavemente el rostro o que se posa sobre la mano del otro, el beso reposado sobre la frente– que busca llegar a lo más hondo del corazón humano, que busca compartir la vulnerabilidad que todos tenemos dentro. La caricia es un gesto que se produce sin sobresaltos ni sorpresas, sin ademanes violentos; tampoco es un acto calculado ni tiene una intención estratégica. Acariciar, dice Torralba, no es palpar ni manosear, sino un gesto que busca la intimidad del otro, que despierta la conciencia de la alteridad. Es un roce de la piel, sí, pero su fin es ir a lo más hondo del otro. Por eso dice Levinás que la caricia es sensibilidad, pero trasciende lo que es sensible. La pandemia nos alejó corporalmente, pero el hombre no puede encontrar consuelo sin un abrazo o una mano que lo perdone y lo anime. Quizá la pandemia nos ha hecho desconfiar más del de al lado y nos haya hecho más reacios a sentir ternura por el necesitado. Cuerpo y estrechamiento es lo que necesita la ternura para florecer. Por eso, la IA podrá sorprendernos con sus hazañas, pero nunca entenderá qué es la ternura, porque no tiene corporeidad ni finitud, no sabe lo que es mostrarse vulnerable.

El movimiento de la ternura, que se dirige hacia la intimidad del otro, solo puede darse allí donde hay hogar, donde hay interior e intimidad. Si nuestro tiempo anda falto de ternura, es principalmente porque carece de hogar. La caricia solo luce en la intimidad de los amados, la familia o la amistad. Es en la concreción, en el nombre propio, donde florece verdaderamente. Es cierto que podemos enternecernos por un niño desconocido que juega en el parque, pero esa ternura solo nace si previamente la hemos cultivado o, mejor dicho, nos la han cultivado en casa.

La necesidad que tenemos de ser acariciados responde a nuestra condición vulnerable y finita. La caricia es capaz de aplacar el dolor. Sentirnos en el regazo del otro nos permite soportar mejor el sufrimiento. El mayor tesoro que tiene el hombre no es ni su ingenio ni su capacidad de superación ni la palabra, sino la ternura. Hay momentos en los que el argumento grandilocuente o el pensamiento positivo ya no son eficaces. A veces, lo único que deseamos es un gesto, una caricia, una mirada compasiva; sentirnos cuidados es la experiencia más cercana que tenemos del cielo. Allí donde hay ternura hay cuidado y ya por eso vale la pena conservarla. En ocasiones nos podemos preguntar qué sentido tiene la vida de una persona con una severa limitación psíquica o física o de aquella que languidece en la cama dolorosamente. Sin embargo, son en esos momentos difíciles donde se brinda la oportunidad de cuidar con ternura y de sentirse cuidado. Responder afirmativamente a esta tarea nos humaniza, porque es la oportunidad de demostrar lo mejor de nosotros mismos. Y allí donde existe la posibilidad para la ternura, hay esperanza y vida. Por eso, los ancianos, lejos de ser un descarte, son un regalo, porque ellos, junto con los niños, son los que mejor saben enternecer el mundo.

Es tal la fuerza de la ternura, que nos traspasa y deja tocados para siempre. Lo bueno de esta experiencia, señala Torralba, es que tenemos el convencimiento de que quien ha sido una vez tierno e inocente como una flor, puede al menos volverlo a ser. Por eso, la ternura siempre está abierta al futuro, a la confianza de que el otro lo puede volver a intentar. Está llena de una misericordia infinita, que perdona y restaura, que sabe mirar sin rencores ni deudas, que acoge con amor al otro a pesar de sus miserias. La ternura desespera a la rigidez, a los formalismos inflexibles y a las superficies irrompibles. En lugar del miedo, su motor es la esperanza, porque sabe mirar con ojos enteramente nuevos al otro. Rehúye los esquemas cerrados y siempre está abierta a la novedad y la posibilidad de cambiar. La ternura es el arma que desarma la violencia, que derriba la burocracia del poder y las ideologías que imponen agresivamente sus reduccionismos. En contra del grito cabreado e irritado –tan característico de la política actual–, la ternura busca la escucha paciente y se apoya en un pensamiento más inteligente que no se deja amedrentar por los gritos. Frente a la línea recta, la curva. Frente al muro, la puerta. Frente al puño, el regazo.

En el museo de la Universidad de Navarra hay una escultura de Jorge Oteiza que me fascina. Se trata de un franciscano que tiene varias honduras en su cuerpo, como si le faltara parte de este. Oteiza quería expresar que la vida cristiana exige un vacío interior para poder darse y llenarse del otro. Solía decir que quien quiere llenarse de Dios, debe vaciarse de uno mismo. Esta entrega cristiana está muy ligada a la ternura, porque para darse, hay que dejar espacio y abrirse al otro, es decir, curvarse para recibir el influjo del otro. Curvarse significa flexibilizar nuestro interior, ablandar nuestro corazón. La rigidez y la dureza impiden conocer el amor cristiano y, por supuesto, están muy lejos del amor de Dios. No hay ternura donde hay perfección o exactitud; requiere de una herida, de una apertura para poder llegar a la intimidad del otro. Una de las cuestiones que deberíamos preguntarnos respecto a la ternura es la siguiente: ¿Dejo que los demás entren en mí?, ¿dejo que los demás hagan en mí? No se trata, en este sentido, de que el sujeto busque, quiera o actúe, sino de que abra su corazón para que el otro entre. Lo mismo ocurre con Dios: lo difícil es dejar que Dios entre y actúe en mí.

La teología cristiana, a diferencia de lo que mucha gente cree, revela un Dios nuevo movido por la ternura. Dios deja de ser una voluntad caprichosa, una realidad desconocida e inaccesible, y se revela de la manera más sorprendente y original: siendo niño. Recordemos que Jesucristo nació en un pesebre, rodeado de paja, junto con un buey y una mula. El papa Francisco, quien ha insistido mucho en la dimensión de la ternura, dice que:

> Dios no es una idea o una doctrina abstracta, sino que Dios es Aquel que se «contamina» con nuestra humanidad herida y que no teme entrar en contacto con nuestras heridas. Pero, padre, ¿qué está diciendo? ¿Que Dios se contamina? No lo digo yo, lo ha dicho san Pablo: «Se ha hecho pecado» (cfr. 2 Co 5, 21). Él, que no es pecador, que no puede pecar, se ha hecho ecado. Mira cómo se ha contaminado Dios para acercarse a nosotros, para tener compasión y para hacer comprender su ternura. Cercanía, compasión y ternura[5].

---

[5] Papa Francisco, *La ternura, el estilo de Dios* (Libreria Editrice Vaticana, Ciudad del Vaticano 2023), 105.

Como los padres que hablan a sus hijos como si fueran otros niños –por ejemplo, cambian la voz o hacen tonterías para acercarse a ellos–, Dios se hace niño y cercano para estar entre nosotros. Lejos de una divinidad desligada de lo humano, Dios asume nuestras limitaciones, angustias y anhelos y se baja a nuestro nivel. Dios deja de ser causa de temor para convertirse en un antídoto contra el miedo. «Aquel que abraza al universo necesita que lo sostengan en brazos. Él, que ha hecho el sol, necesita ser arropado»[6]. Dios, al enamorarse de nuestra pequeñez, se hizo ternura. Y añade el papa:

> Dios no viene con el poder de quien quiere ser temido, sino con la fragilidad de quien pide ser amado; no nos juzga desde lo alto de un trono, sino que nos mira desde abajo como un hermano, más aún, como un hijo. Nace pequeño y necesitado para que nadie deba avergonzarse jamás de sí mismo: precisamente cuando experimentamos nuestra debilidad y nuestra fragilidad, podemos sentir a Dios aún más cerca, porque se nos ha presentado así, débil y frágil[7].

Por otro lado, una de las consecuencias más visibles de la falta de ternura es la comprensión de la sexualidad moderna: sensible, pero sin fondo; expuesta, pero sin intimidad. Se trata de una sexualidad sin ternura, agresiva y sin caricias, porque no se busca al otro en su completa alteridad, sino que se usa al otro como fuente de placer. La ternura, decíamos, busca la intimidad y el corazón del otro; cuando la sexualidad se reduce a un mero acto de placer, la ternura desaparece, porque el otro en gran medida desaparece. Tratar al otro como objeto de placer siempre

---

[6] Ibid., 5.
[7] Ibid., 123.

conlleva cierta violencia y, como señala Torralba, «incluso en el caso de que los supuestamente amantes pacten tal mutua instrumentalización –yo te busco para que me des placer y tú me buscas porque yo te lo doy–, tampoco se experimenta la felicidad porque a nadie le satisface la condición de objeto»[8].

La pornografía es el mejor ejemplo de exposición sin ternura. Hay sexo y cuerpos de todo tipo, pero lo que seguro que no hay es ternura. El fin de la pornografía es la excitación que se busca a sí misma; la alteridad no tiene cabida. La pornografía, por su naturaleza, huye de las caricias, los afectos y el lenguaje amoroso. Solo hay transgresión, violencia y placer sensual. Y por mucho que se quiera «suavizar», como han manifestado muchas feministas, pronto caemos en la cuenta de que es una simulación barata. Toda exposición susceptible de ser vista por otros que no sean los amados, es decir, los consumidores, deshace la intimidad humana. A menudo se asocia la sexualidad humana a la dimensión más animal que tenemos, pero no hay nada más lejos de la realidad. El mundo animal también está desprovisto de ternura, porque no hay un deseo del otro. Es cierto que en la sexualidad humana existe una pulsión más vehemente, que no debe negarse, pero sí encauzarse a través de la ternura. Si no, el sexo degenera en violencia e instrumentalización.

En la prostitución ocurre algo similar. Cuando el cliente paga, sabe que no está comprando el deseo ajeno –porque no se puede–, sino que paga por su disponibilidad física. Es decir, paga por el continente, pero sin el contenido, sin la intimidad. Quien se vende, se disocia: su cuerpo se manifiesta, pero su intimidad está ausente. En la universidad, hice con un grupo de amigos una

---

[8] Francesc Torralba, *La ternura* (Editorial Milenio, Lleida 2010), 110.

investigación sobre la prostitución. Una de las cosas que más me llamó la atención es que hay prostitutas que se niegan a dar besos a sus clientes, ya que, como su cuerpo está expuesto de forma constante, buscan una forma más sutil para guardar su intimidad. El beso se convierte así en la caja fuerte donde se resguarda la intimidad herida.

En definitiva, la ternura es la expresión de nuestra condición vulnerable. Allí donde está presente, hay humanidad, cuidado y amparo de los otros. Cuando el mundo se olvida de ella, la desconfianza y la desesperanza es lo único que queda.

10.

CUIDADO Y ESPERANZA, ¿HAY ALGÚN CIELO?

Una mujer entra desnuda con la cabeza rapada y los pies fríos e insensibles. Apenas se sostiene. Despojada de su intimidad, sobresalen sus huesos famélicos. Está junto a otras mujeres, también desnudas, muy juntas entre ellas, como si fueran una masa uniforme, una morralla hedionda y despreciable. Al menos es la primera ducha del año y le han rumoreado que el agua sale templada. Ese maldito invierno, impasible, no conoce justicia. Cierran las puertas y aquella mujer, a la que le arrebataron su nombre por un número indeterminado, intuye que allí solo se ducha a los muertos. Ahora comprende por qué las paredes están arañadas; son las garras de la angustia y los gritos del miedo. Fuera, entre las alambradas de la desesperación, se siente el humo y el olor pestilente de una masacre que nadie quiere aceptar; el suicidio ya es lo suficientemente tentador como para tener que cargar con otra masacre.

Aquel horror, aquella pesadilla que la humanidad presenció en algún invierno entre 1939 y 1945 sigue tocando nuestros corazones. ¿Cómo fuimos capaces de crear ese infierno? Resulta incomprensible que ante semejante monstruosidad afirmemos que todo ser humano está dotado de dignidad, de un valor esencial e intrínseco que se conserva independientemente de la barbarie que produce. ¿Eran hombres dignos aquellos que planificaron o ejecutaron –o indiferentes miraron a otro lado– la exterminación de los judíos? Si somos dignos por el mero hecho de ser humanos, ¿tenían la misma dignidad Hitler y Viktor Frankl o Edith Stein?

Actualmente escuchamos el término «dignidad» por todas partes: cuando hablamos de progreso y causas sociales, del valor de la vida humana o de los animales o de las tragedias que siguen hiriendo nuestra endeble naturaleza. Lo usamos para afirmar posturas contrarias: el derecho a una muerte digna, la dignidad de la persona frente a la eutanasia. Los conceptos más familiares suelen ser los más confusos, los que más damos por sentado. La experiencia nos dice que tenemos dignidad, pero es bueno recordar y responder la siguiente pregunta clave: ¿en razón de qué tenemos dignidad?

La tradición cristiana ha inundado ríos de tinta acerca de esta cuestión y algunos filósofos han ofrecido soluciones muy sugerentes. De hecho, la concepción de la dignidad humana que hemos conservado hasta ahora ha sido posibilitada en gran medida por esta tradición. Sin embargo, en el discurso público, el cristiano se ha refugiado en una explicación sencilla fundamentada en la teología y por la que no siente o necesita argumentar más allá contra aquellos que no aceptan presupuestos teológicos: «Somos dignos porque hemos sido creados a imagen y semejanza dc Dios». Una fundamentación que, aunque pueda ser válida, no nos sirve en el ámbito político.

Igualmente insuficiente es la forma en la que entendemos actualmente la dignidad, como fuente de derechos. Esta visión, que se gesta en la tradición moderna, entiende la dignidad como el valor intrínseco que poseen las personas por el mero hecho de ser personas. Sin embargo, siempre queda pendiente la pregunta que antes planteaba: ¿en razón de qué tenemos dignidad? En razón de que somos humanos. Bien, pero ¿por qué? ¿Qué tenemos de especial respecto a todo lo demás?

En ambas posturas subyace la intención de fijar ontológicamente la dignidad: «Por lo que somos, por nuestra naturaleza, somos dignos». Afirmaciones cojas e incompletas porque, efectivamente, el mundo fue menos digno con las atrocidades de los campos de concentración.

Andamos desorientados, tanteando a ciegas cuando hablamos sobre la dignidad. Hemos dado por sentada la dignidad, «¡nos viene dada!», como si no tuviéramos ninguna responsabilidad o compromiso frente a ella. Y no, la dignidad no nos viene dada. Primero hay que quererla y, después, cuidarla.

La gracia del ser humano –o tragedia– es que su naturaleza está por hacer. Nietzsche nos describía como el animal no fijado, un camino a medio hacer, una meta. En este sentido, la dignidad es el compromiso moral de responsabilizarnos de nuestra naturaleza incompleta. Paradójicamente, no somos propiamente humanos hasta que decidimos serlo. Así lo explica con agudeza José Antonio Marina en *La lucha por la dignidad, Teoría de la felicidad política:* «Vamos a constituirnos, a afirmarnos, a construirnos […], es decir, a inventarnos una nueva naturaleza, una segunda naturaleza que pueda fundar un derecho natural suigéneris.

El derecho natural de una naturaleza creada, inventada». Y más abajo concluye: «Somos dignos por autoafirmación de nuestra dignidad»[1].

Hablamos, por tanto, de una afirmación constituyente. El hombre no tiene dignidad por naturaleza, sino que por naturaleza es capaz de constituir dignidad, capaz de dignificarse –también de someterse y deshumanizarse–. No basta afirmar, aunque sea con mucha convicción, que todo ser humano es digno. O nos comprometemos con ello y creamos un proyecto en torno a esta afirmación, o la palabra se convierte en un vacío desesperanzador, en mera ornamentación retórica.

La dignidad, como un valor dado, se traduce en necesidad; una visión que nos impide apreciar la capacidad creadora –la libertad– del ser humano; una visión que nos coloca en la peor situación para valorarla. Marina, en *Ética para náufragos*, nos recuerda: «No se trata de un juicio sobre lo que existe, sino del propósito explícito de instaurar una realidad. Olvidarlo es una equivocación»[2]. No es lo mismo el ser que lo que debería ser.

Todo proyecto es contingente, frágil, y quien no se dé cuenta de ello «ignorará, en consecuencia, el tiempo, las penalidades, los esfuerzos y los sacrificios que ha costado alcanzar los bienes que ahora pacíficamente disfruta; pasará por alto los aciertos, los errores y los azares sin fin que han conducido a la próspera situación actual; y sobre todo, olvidándose de que cualquier avance

---

[1] José Antonio Marina, *La lucha por la dignidad, Teoría de la felicidad política* (Anagrama, Barcelona 2000), 263.

[2] José Antonio Marina, *Ética para náufragos* (Anagrama, Barcelona 1995), 200.

civilizatorio se sostiene sobre las arenas movedizas de la frágil condición humana», escribe Javier Gomá en *Dignidad*[3].

A menudo hablamos de progreso moral, pero el proyecto que buscamos, el *ethos* moral que instauramos, debe ser posibilitado una y otra vez. Por eso es un fracaso y una gran equivocación la eliminación de la enseñanza de la ética en los colegios –también en las universidades–. Solo a través de la ética puedo reconocerme como sujeto creador, como sujeto poseedor de dignidad.

En el fondo, cuando hablamos de dignidad apuntamos hacia un proyecto ideal que deseamos fundar, un proyecto que consiga transfigurar y mejorar la realidad. Lo difícil, y de esto va justamente la ética, es qué proyecto queremos inventar, es decir, qué queremos ser. Por eso la dignidad parte de una decisión vital. Detrás de un nuevo horizonte buscamos la mejor de las posibilidades, el modo más inteligente de ser inteligente. Por eso inventar no es fantasear arbitrariamente. La esencia del hombre es el deseo –somos deseo inteligente–, y este deseo por buscar nuevas miras y profundizar en los proyectos instaurados es la máxima expresión de la libertad. Y ahí va otra vez el ingenio de Marina: «La ética no es el museo de las prohibiciones, sino la máxima expansión de la creatividad humana»[4].

No hay ontología sin proyecto, sin compromiso; no hay ontología sin cuidado. Proyectar significa responsabilizarse de la vida. Justamente lo que nos hace más humanos es la creación de un proyecto elegido que ensalza nuestra primera naturaleza y la hace más plena y significativa.

---

[3] Javier Gomá, *Dignidad* (Galaxia Gutenberg, Barcelona 2019), 153-154.

[4] José Antonio Marina, *Ética para náufragos* (Anagrama, Barcelona 1995), 11.

No caigamos en el error de identificar nuestra capacidad creadora como el reto de ir más allá de lo humano. Justamente es eso lo que pretende el transhumanismo. Crear, en cambio, significa ahondar en lo humano. Este bello texto de Josep María Esquirol no tiene desperdicio: «¡Ojalá el humano fuera todavía más humano! Ser humano no significa ir más allá de lo humano, sino intensificar lo humano, profundizar en lo más humano: ahí está lo valioso». Y un poco más adelante: «¡Qué paradoja más triste: aspirar a y confiar en llegar más allá de lo humano y quedarnos cortos en humanidad! Es decir, perdernos, y no advertir que el horizonte más importante no se encuentra más allá –más lejos–, sino más adentro»[5].

Pero ¿qué significa ahondar en lo humano?, ¿cuál es ese proyecto que nos humaniza y que debe instaurarse y repararse una y otra vez a través de nuestro compromiso? Partimos de una realidad inevitable: aquí abajo no hay plenitud. ¡Cuánto nos gustaría tenerla!, pero el paraíso nunca quiso abrir sus puertas. A veces suspiramos, cansados, buscando un lugar en el que reposar. Nos cansa vivir, luchar contra la indiferencia, la precariedad, la soledad, la banalización o la opresión de quienes no tienen conciencia. Aunque yo pueda sentir que mi vida es plena, la de mucha gente no lo es. El mundo está lleno de historias terribles y rostros sufrientes que no nos pueden dejar indiferentes. Kant dijo que el mal no necesita demostrarse; ya se muestra él sin vergüenza. El sufrimiento nos acompaña desde el inicio de la vida; nacemos con el dolor del parto de nuestra madre y el llanto que aviene al respirar por primera vez. Cuando era adolescente, ese valle de lágrimas que rezaba en el *Salve Regina* me parecía un tanto exa-

[5] Josep María Esquirol, *Humano, más humano, Una antropología de la herida infinita* (Acantilado, Barcelona 2021), 9-11.

gerado y pesimista. Quizá es porque yo he tenido mucha suerte en la vida y no me ha tocado sufrir en exceso, pero hay personas que sin culpa arrastran un mar de dolor y tristeza, y es ahí donde uno confirma la tragedia de la vida.

Hay una historia muy famosa que ha tratado de explicarnos, bajo esa plenitud deseada, el fascinante relato de Adán y Eva. Nuestros primeros padres no sufrían, no sudaban, no conocían la muerte. No tenían necesidades ni enfermaban. No se sentían débiles ni vulnerables. Es posible que no supieran lo que eran las lágrimas, al menos las que son movidas por el dolor. Llevaban una vida apacible, sin complicaciones ni conflictos interiores. La historia del pecado original nace con la pretensión de explicar el origen del dolor y del mal –que es, según la teología cristiana, causa nuestra, no de Dios–, pero ¿es posible explicar la vida humana desde la plenitud? ¿Tiene sentido decir que la vida humana nació en el Edén? Emily Dickinson sospecha que la vida en el jardín tendría que ser muy aburrida porque no hay trabajo ni esfuerzo: «No me gusta el paraíso porque es domingo todo el tiempo y el recreo nunca llega». En este sentido, algunos pensadores creen que no había vacas en el Edén, porque son animales domésticos que implican trabajo. Tampoco acontece la temporalidad –no hay muerte ni enfermedad ni vejez–, y me pregunto con estas condiciones si este jardín era realmente un paraíso. Me gusta más creer en lo que dice Aquiles en la película de Troya de que los dioses nos envidian porque somos mortales: «Todo es más hermoso porque hay un final», le dice a Briseida.

No creo que nuestros primeros padres vivieran en un paraíso; nunca lo hemos estado. No es posible erradicar el dolor de nuestra naturaleza. Un humano que no sufre no es humano. Incluso dudo de que en el cielo también estemos libres de la adversidad; siempre quedará la posibilidad de sufrir por las desgracias de abajo, de un hijo desdichado o un amigo perdido. Algunos filósofos han argumentado que el sufrimiento es una imperfección y que, por tanto, si Dios es perfecto, no puede padecer. Sin embargo, si Dios ama, también sufre.

Nuestra condición es la vulnerabilidad. La historia de Adán y Eva, que busca otorgarnos un origen puro y sin imperfecciones, esconde una realidad universal: deseamos en lo más profundo de nuestro corazón un mundo perfecto y sin penurias. Sin embargo, explicarnos a partir de la plenitud, o al menos creer que el hombre puede alcanzarla es un espejismo sin sentido. Las políticas que soñaron con el paraíso terrenal, o las promesas del transhumanismo, queriendo alcanzar la plenitud, producen lo inhóspito. ¿Habrá un cielo después? Yo creo que sí, pero no creo que deba ser explicado desde la perfección, sino desde nuestra vulnerabilidad.

El mundo de hoy niega nuestra condición vulnerable. El dolor, en lugar de ser una realidad inevitable, se comprende como un fenómeno extraño. Así, tener una buena salud mental consiste en no aquejarse por nada, vivir sin conflictos ni afecciones. La ansiedad es un signo de enfermedad que, lejos de normalizarse, se percibe como un estado inusual. Sin menospreciar el problema de la salud mental, el incremento del consumo de ansiolíticos responde en cierta medida al rechazo del dolor como parte de nuestra condición. En lugar de afrontarlo como una realidad, queremos dejar de sufrir, volver al paraíso, y eso no es posible.

Si el sufrimiento es inevitable, ¿qué nos redime? Solemos depositar nuestras esperanzas en el progreso; es el camino para superarnos y dejar de sufrir. Nuestra fe se basa en el poder del conocimiento, que nos permite dominar –tecnificar– el mundo y ser autosuficientes. Creemos muy ingenuamente que la ciencia puede resolver nuestros problemas existenciales, pero la ciencia no puede darnos analgésicos contra el dolor. De hecho, ese fue el pecado de Eva: pensar que el conocimiento nos salva, que no es necesario depender de nadie y que el progreso algún día nos conduciría a un cielo que prescindirá del que tenemos ya arriba.

Volvamos a la pregunta que mencionaba antes: ¿qué significa ahondar en lo humano?, ¿cuál es ese proyecto que nos humaniza y que debe instaurarse y repararse una y otra vez a través de nuestro compromiso? Si el cielo debe explicarse a partir de nuestra condición vulnerable, lo que nos acerca más a él es el cuidado del otro, el darnos cobijo y ampararnos unos a otros. Cuando decimos que «todo ser humano es digno independientemente de su situación», no lo decimos porque nuestra dignidad nos venga dada, sino porque este proyecto creador e ideal que queremos instaurar es la mejor manera de definir propiamente lo humano: cuidado y amparo. La intemperie, hostil e inhóspita, se vuelve así en casa habitable. Nuestra dignidad no nos viene dada, sino que a través del cuidado es como nos dignificamos unos a otros. Ofrecemos refugio a los demás para resistir ante las disoluciones de la vida y las distintas formas que tiene la violencia de mostrarse, ya sea la indiferencia, la enfermedad, la precariedad o la banalización.

La dignidad no es una etiqueta inherente a cada ser humano individual, sino es preguntarse por la relación existencial que tengo con el de al lado. Esa dependencia con el otro, esa creencia y realización de que ser sujeto es estar sujetado por otro, como repetía una y otra vez Levinás, es el proyecto que mejor nos define y que más cerca nos sitúa del cielo. La pregunta clave es quién es el otro para mí, porque la dignidad no se entiende en el hombre, sino entre los hombres. Nuestra dignidad no se sostendrá con más leyes ni tratados internacionales –tratando de salvaguardar la dignidad de cada uno de forma independiente–, sino a través del compromiso moral que estemos dispuestos a aceptar juntos.

De nosotros depende el mundo que queremos. Jan Patočka reflexiona así: «Son los otros quienes nos ponen a cubierto y a cuya ayuda debemos que la tierra pueda para mí llegar a ser tierra y cielo: los otros son el hogar originario»[6]. El cielo y el infierno no son realidades que acontecen tras la muerte. Aquí también existen: el holocausto o, por el contrario, el cuidado y el amparo de los otros. Aquí también está nuestro jardín, que bien puede ser regado para que la vida florezca, o bien hacerlo arder para que las llamas lo devoren. Italo Calvino, en *Las ciudades invisibles*, lo expresa de una manera muy bella: «El infierno de los vivos no es algo por venir; hay uno, el que ya existe aquí, el infierno que habitamos todos los días, que formamos estando juntos. Hay dos maneras de no sufrirlo. La primera es fácil para muchos: aceptar el infierno y volverse parte de él hasta el punto de dejar de verlo. La segunda es arriesgada y exige atención y aprendizaje continuos: buscar y saber reconocer quién y qué, en medio del infierno, no es infierno, y hacer que dure, y dejarle espacio»[7].

En un mundo desconfiado y sin ilusión, es necesario volver a creer en nosotros y ser conscientes de que tenemos entre manos un gran proyecto. No desde la plenitud, del raciocinio y la tecnificación, sino desde la vulnerabilidad, la ternura y el amor. Quizá el progreso consista más en amarse bien que en abrazarnos al metaverso o depositar nuestras esperanzas en la inteligencia

---

[6] Jan Patočka, *El movimiento de la existencia humana* (Encuentro, Madrid 2004), 40-41.

[7] Italo Calvino, *Las ciudades invisibles* (Siruela, Madrid 1994).

artificial. Aquí abajo no hay plenitud, pero podemos aspirar a un amor imperfecto y débil, a un amor valiente que asuma y no tenga miedo del dolor. Lo que más se parece al paraíso es justamente reconocerse fuera de él, sentirse vulnerable y necesitado de los otros. Solo así sabremos que el cielo tiene sentido.

Este proyecto al que tenemos que comprometernos, que cada uno debe asumir y realizar, nos indica un ideal, un deber ser de lo humano. El ser humano es el único animal capaz de deshumanizarse, de dejar de ser lo que es. El león es siempre león, contiene en sí toda su esencia, digamos que no puede *desleonizarse*. En cambio, el ser humano vive una ruptura y debe humanizarse para llegar a lo que propiamente es: dependencia y cuidado de los otros. La degradación nos acecha en cada esquina y siempre tendremos que lidiar una lucha interna por mantener nuestra humanidad; hemos de estar a la altura de lo que podemos llegar a ser. Por eso, ser humano es un proyecto a conquistar, un ideal que debemos alcanzar. Luri lo expresa de forma muy inteligente:

> Lo mejor que fuimos en esa o aquella ocasión nos muestra una posibilidad fragmentaria de nosotros mismos. Podemos situarnos ante ella e intentar transformarla en ideal regulador de nuestra vida. Está en nuestras manos el proyecto de mantenernos fieles o infieles a lo mejor que hemos sido. No se trata de construir una quimera, sino un proyecto atractivo y, sobre todo, atractor, de nosotros mismos a partir del conjunto de experiencias que tiran de nosotros hacia arriba[8].

Esta aspiración es profundamente confiada y esperanzadora. Estrictamente hablando, ser humano es ser esperanzador, por-

---

[8] Gregorio Luri, *En busca del tiempo en que vivimos* (Deusto, Barcelona 2023), 142.

que implica imaginarnos la mejor versión de nosotros mismos –no como plenitud, repito, sino a partir del reconocimiento de nuestra condición vulnerable–. Paradójicamente, es nuestra debilidad lo que nos lleva a ser mejores. El mundo de hoy sigue el camino opuesto: es la autorrealización, la independencia y el poder lo que consideramos una vida exitosa. Es normal, ante esta situación, que creamos que la exposición de nuestra vulnerabilidad solo nos lleva al fracaso. La duda y la confusión nos asaltan continuamente. Sin embargo, estoy convencido de que, si al final no existe Dios y no existe un cielo, moriré tranquilo sabiendo que he buscado aspirar, con todas mis imperfecciones, a lo más humano: cuidar y amparar a los otros. Como dijo Unamuno, «y si es la nada lo que nos está reservado, hagamos que sea una injusticia esto»[9]. Haberse rebelado contra la nada, en favor de un proyecto que acoja y cuide a los demás, siempre vale la pena. Sentirse cuidado, vulnerable y dependiente, con eso nos basta. Ese es el cielo al que aspiro aquí y ese es el cielo que espero algún día.

---

[9] Miguel de Unamuno, *Del sentimiento trágico de la vida* (Renacimiento, Madrid 1913), 46-47.